15

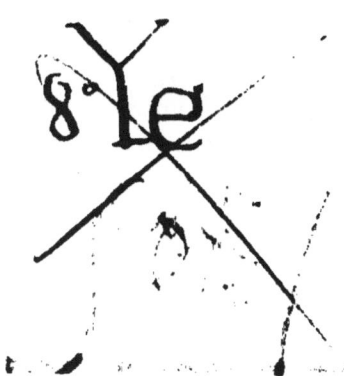

DU MÊME AUTEUR

PREMIERS POÈMES..................................... 1 vol.
POÈMES... 1 vol.
LES JEUX RUSTIQUES ET DIVINS..................... 1 vol.
LA CANNE DE JASPE.................................. 1 vol.
LA DOUBLE MAITRESSE............................... 1 vol.
LE TRÈFLE BLANC.................................... 1 vol.
LE BOSQUET DE PSYCHÉ.............................. 1 plq.

LES MÉDAILLES D'ARGILE

IL A ÉTÉ TIRÉ DE CET OUVRAGE :

Cinq exemplaires sur japon impérial, numérotés de 1 à 5 ; deux exemplaires sur chine, numérotés de 6 à 7 : et vingt-neuf exemplaires sur hollande, numérotés de 8 à 36.

JUSTIFICATION DU TIRAGE :

Droits de traduction et de reproduction réservés pour tous pays, y compris la Suède, la Norvège et le Danemark.

HENRI DE RÉGNIER

Les
Médailles d'Argile

— POÈMES —

PARIS
SOCIÉTÉ DV MERCVRE DE FRANCE
XV, RVE DE L'ÉCHAVDÉ-SAINT-GERMAIN, XV

MCM

A LA MÉMOIRE

D'ANDRÉ CHÉNIER

LES MÉDAILLES D'ARGILE

J'ai feint que des Dieux m'aient parlé ;
Celui-là ruisselant d'algues et d'eau,
Cet autre lourd de grappes et de blé,
Cet autre ailé,
Farouche et beau
En sa stature de chair nue,
Et celui-ci toujours voilé,
Cet autre encor
Qui cueille, en chantant, la ciguë
Et la pensée
Et qui noue à son thyrse d'or
Les deux serpents en caducée,
D'autres encor...

Alors j'ai dit : Voici des flûtes et des corbeilles,
Mordez aux fruits ;
Écoutez chanter les abeilles
Et l'humble bruit

De l'osier vert qu'on tresse et des roseaux qu'on coupe.
J'ai dit encor : Écoute,
Écoute,
Il y a quelqu'un derrière l'écho,
Debout parmi la vie universelle,
Et qui porte l'arc double et le double flambeau,
Et qui est nous
Divinement...

Face invisible ! je t'ai gravée en médailles
D'argent doux comme l'aube pâle,
D'or ardent comme le soleil,
D'airain sombre comme la nuit ;
Il y en a de tout métal,
Qui tintent clair comme la joie,
Qui sonnent lourd comme la gloire,
Comme l'amour, comme la mort ;
Et j'ai fait les plus belles de belle argile
Sèche et fragile.

Une à une, vous les comptiez en souriant,
Et vous disiez : Il est habile ;
Et vous passiez en souriant.

Aucun de vous n'a donc vu
Que mes mains tremblaient de tendresse,

Que tout le grand songe terrestre
Vivait en moi pour vivre en eux
Que je gravais aux métaux pieux,
Mes Dieux,
Et qu'ils étaient le visage vivant
De ce que nous avons senti des roses,
De l'eau, du vent,
De la forêt et de la mer,
De toutes choses
En notre chair,
Et qu'ils sont nous divinement.

MÉDAILLES VOTIVES

DÉDICACE

Tu poursuis, en chantant, dans la glaise et l'argile,
Pour lui rendre à jamais la forme où tu le vois
Qui rôde en ta pensée et s'esquive à ta voix,
Un fantôme furtif qui fuit ton pouce agile.

La figure s'ébauche indécise et fragile
Dans la terre féconde où la cherchent tes doigts,
Car encore secret et visible parfois
Le sourire est déjà dans la matière vile.

Parfois une déesse éclôt de tes mains fraîches...
Puis tu fouilles le sol du tranchant de ta bêche
Jusqu'à ce que l'airain ait rencontré l'airain,

Et la glèbe, souvent, que ton labeur entaille
Te livre, intact au bronze ou fruste en la médaille,
Quelque dieu toujours jeune et longtemps souterrain.

LE FEU

Rentre. Je ne vois plus ton visage. Rentrons.
Il est trop tard déjà pour s'asseoir au perron
Où la mousse est humide et la pierre mouillée.
La serrure tend à nos mains sa clef rouillée ;
La porte s'ouvrira toute grande pour nous
Avec un bruit d'accueil que le soir fait plus doux ;
Plus tard le gond rétif et le loquet rebelle
Grinceraient, car toute demeure garde en elle,
Taciturne, invisible et qui vit en secret,
Une âme que l'on blesse ou que l'on satisfait.
Obéis à son ordre et cède. Sois pieuse
A cette âme éloquente, humble et mystérieuse
Qui t'appelle. Sais-tu si quelque esprit divin
N'habite pas la pierre où se tourmente en vain
Son angoisse ? Es-tu sûr encore qu'il ne vive
Plus rien de l'arbre dans la poutre et la solive
Qui craquent sourdement et semblent s'étirer ?

Quelqu'un t'attend dans l'ombre et te regarde entrer.
Va vers lui. L'âtre clair ébauche dans son rire
Équivoque le masque à demi d'un Satyre
Qui se crispe, s'efface et soudain reparaît.
Ce tison rouge, c'est sa bouche qui rirait ;
Cette flamme lui mit aux tempes deux oreilles ;
La bûche chante avec un bruit rauque d'abeilles
Et le feu tour à tour gronde et murmure et tord
Des pampres embrasés autour des cornes d'or.
La figure sylvestre, indécise et camuse
Tour à tour se recule et tour à tour s'accuse.
La voici qui s'éteint, la voici qui décroît
Et qu'il n'en reste plus, éparse devant toi,
Qu'un peu de cendre grise où rougeoie une braise ;
Les abeilles ont fui et la ruche s'apaise,
Mais si tu veux revoir le masque qui t'a ri
Et que l'essaim bourdonne innombrable, il suffit,
Pour les faire sortir de la flamme nouvelle,
De jeter à la cendre où couve l'étincelle,
Une à une, dans l'âtre, en offrande au Sylvain,
Des écorces de hêtre et des pommes de pin.

PUELLA

Plains-moi, car je n'eus rien à donner à l'Amour,
Ni fleurs de mon Été, ni fruits de mon Automne,
Et la terre où naquit mon destin sans couronne
N'a pas porté pour moi la rose ou l'épi lourd.

Les Fileuses qui font nos heures et nos jours
N'ont pas tissé non plus, pour que je la lui donne,
La tunique fertile où, naïve Pomone,
La vierge de ses seins sent mûrir le contour.

Je n'ai pu même offrir à ta divinité
La colombe de ma chétive nudité,
Car ma chair sans duvet n'eût pas tiédi ta main.

Amour! tends-la au moins à l'obole fragile
Et prends cette médaille où, profil enfantin,
Mon visage anxieux sourit à fleur d'argile.

LA PENSÉE

Ma pensée, au retour d'elle-même, s'incline
Et, souriante, arrache à son récent essor
La rapide sandale où vibre et tremble encor
L'aile double jadis qui l'a faite divine.

Elle a passé le fleuve et passé la colline,
Dormi dans la forêt et dormi dans le port
Et rapporte en ses yeux des songes d'ombre et d'or
Pleins du parfum des bois et de l'odeur marine.

Et, pesante qui marche ou légère qui vole,
Elle effleure en passant l'herbe que son pied frôle
Ou marque son pas lourd sur le sol du chemin,

Car pour que son talon pèse ou se pose à peine,
Un dieu furtivement n'a pas lié en vain
La sandale terrestre à l'aile aérienne.

EFFIGIE DOUBLE

★

Dans une terre grise et pareille à la cendre
De ton cher souvenir voluptueux et tendre
Qui s'effrite incertain dans le vent du passé,
J'ai fait revivre ainsi ton visage effacé ;
Le voici. Tu reviens du fond de ma mémoire
Où, dans l'ombre, tes mains ont cueilli la fleur noire,
Rose funèbre née en un jardin obscur.
Te voici. J'ai revu ta face au contour pur
Et j'ai fait onduler sur ton front qui les bombe
Tes deux bandeaux comme deux ailes de colombe,
Et pourtant j'ai laissé tes yeux à jamais clos.
O regret ! La caresse en vain de mes doigts chauds
Tenterait de rouvrir leur douceur endormie.
Mais le sourire qui, sur les lèvres unies
De ta bouche amoureuse, erre amoureusement
Encore, suffira, lorsque les doigts du temps

Briseront de nouveau la médaille fragile,
Pour que ta grâce garde à cette vaine argile
D'où ta face charmante aura fui sans retour
Une odeur de beauté, de jeunesse et d'amour
Qui fera des débris de ton image aimée
Une poussière d'elle encore parfumée.

★

Non, ne regarde pas sa médaille ; il y ment
Un visage amoureux, délicat et charmant
Qui, de ses yeux baissés et de sa belle bouche,
Te sourit, anxieux ou doucement farouche,
Et triste comme si, peut-être, au fond des bois
Errante, au crépuscule, une rose en ses doigts,
Elle écoutait, debout, parmi l'ombre incertaine,
Pleurer l'eau qui suffoque aux gorges des fontaines
Ou suivait, dans le vent qui la froisse aux cailloux,
Le bruit mystérieux, âpre, morose et doux
D'une feuille en son or frissonnante et séchée.
On dirait qu'elle écoute au fond de sa pensée,
Car l'Automne déjà semble lui parler bas
A l'oreille. Ami ! non ne la regarde pas,
Ne la regarde pas ainsi, ce n'est pas elle,

Et ce n'est pas ainsi, hélas ! qu'elle fut belle.
Si tu voulais tourner le revers, tu verrais
Sa véridique image et son visage vrai :
Admire, dans ses yeux j'ai mis toute sa haine ;
La vois-tu maintenant, rude, vile et hautaine
Et belle de l'orgueil de sa dure beauté,
Telle qu'à mon amour jadis elle a été,
Perfide, impitoyable et fourbement amère ?
Mais, pour exorciser sa ruse et sa colère
Dont mon âme se trouble et se méfie encor,
D'elle, j'ai figuré cette tête sans corps
Afin que pour jamais sa cruelle effigie
Goutte à goutte saignât dans l'argile rougie.

ÉTÉ

La source fraîche abonde aux pieds nus de l'Eté
Qui mire à ce miroir sa face qui s'y penche
Entre les fleurs de l'herbe et les fruits de la branche,
Couronne de jeunesse et de limpidité.

Je rêvais de chair moite où mord la volupté,
Pomme, contour de sein ; poire, galbe de hanche,
Et je cherchais mon rêve au bruit où l'eau s'épanche,
Et l'argile cédait à mon pouce humecté,

Quand tu vins, curieuse, inquiète et farouche,
Nue et mordant un fruit qui jutait à ta bouche,
Sourire à mon travail et devant moi t'asseoir.

Et comme la médaille était grande tout juste,
Faunesse, j'ai sculpté ton visage sans voir
A ton double sabot bifurquer l'ongle fruste.

L'EAU

Pas de nom fabuleux et doux qui le désigne ;
Nulle Léda de bronze aux caresses du cygne
N'offre sa chair divine à qui s'unit un dieu ;
Nul Dauphin ne se joue et prélude au milieu
De son onde à jamais intacte et solitaire
Qui, égale toujours au marbre qui l'enserre,
S'arrondit et miroite en un cercle fermé.
Mes soirs silencieux ont longuement aimé
Ce bassin singulier, sans vasque, ni fontaine,
Où pas même ne semble une face incertaine
Apparaître, indécise et mystérieuse, au
Liquide et noir airain de sa médaille d'eau.

LA PRISONNIÈRE

Tu m'as fui ; mais j'ai vu tes yeux quand tu m'as fui ;
Je sais ce qu'à la main pèse ta gorge dure
Et le goût, la couleur, la ligne et la courbure
De ton corps disparu que mon désir poursuit.

Tu mets entre nous deux la forêt et la nuit ;
Mais, malgré toi, fidèle à ta beauté parjure,
J'ai médité ta forme éparse en l'ombre obscure
Et je te referai la même. L'aube luit ;

J'y dresserai le bloc debout de ta statue
Pour en remplir l'espace exact où tu fus nue.
Captive en la matière inerte, désormais,

Tu t'y tordras muette et encor furieuse
D'être prise, vivante et morte pour jamais,
Dans la pierre marbrée ou la terre argileuse.

LA DANSE

Tu danses. Ce beau soir est triste autour de toi.
Les cyprès et les pins, seuls, sont verts dans le bois
Qui mêle aux bouleaux l'orme et les hêtres au frêne.
Leurs feuillages déjà par l'automne deviennent
Rouges d'un peu de poupre et fauves d'un peu d'or.
Tu danses. On dirait, à te voir, voir encor
L'été voluptueux étirer sa paresse
Onduleuse, quand, les yeux mi-clos, tu te dresses
Comme si tu voulais de tes deux bras levés
Arrêter au passage un songe inachevé
Vers lequel, tour à tour, tu te tournes, cherchant
Sa bouche amère ou douce en fuite dans le vent.
Tu danses ; et toujours, silencieuse et vive,
Tu poursuis à jamais ce qui toujours s'esquive.
C'est l'automne déjà et les cyprès sont verts ;
Et, sous un pin, assis, à tes rythmes divers
Ma flûte obéissante et fidèle longtemps
Hésite. Tu es lasse et ta danse m'attend
Incertaine, tandis qu'à tes pieds tourne encor
Un vol faible et léger de molles feuilles d'or.

LE BUVEUR

Petite la maison et vaste le cellier
Pour que l'outre ventrue et que l'amphore obèse
Côte à côte dans l'ombre y reposent à l'aise;
Maçon, n'épargne pas la brique du potier.

Qu'un autre m'équarrisse en ce beau chêne entier
Dont les rameaux miraient leur feuillage au Galèse
La poutre, et qu'on l'ajuste ensuite à la mortaise;
N'épargnez rien, pas plus le bois que le mortier.

Toi qui sais imiter les figures humaines,
Dans la glaise, fais-moi pareil au vieux Silène
Ivre et comme lui barbouillé de lie, et prends

La terre la plus rouge et la plus savoureuse
Pour qu'on voie, au-dessus de la porte, en entrant,
Mon image avinée en l'argile vineuse.

LA COURONNE

Lasses du long chemin, et la tête baissée,
Silencieusement, dans l'ombre, mes Pensées,
Une à une, vers moi reviennent de la vie
Où toutes, à l'aurore, elles étaient parties.
Les voici, elles sont debout, au crépuscule,
Devant moi, et chacune en tressaillant recule
Lorsque je la regarde au visage, et ses yeux
Se détournent pour fuir mon regard anxieux
Qui retrouve, debout et la tête baissée,
Celles qui furent, familières, mes Pensées.
Ce sont elles ; j'entends encor leurs pas lointains
Qui jadis m'ont quitté pour suivre le chemin
Qui descend, à travers les heures, vers la vie...
Qu'avez-vous fait ? Ta coupe est-elle enfin remplie,
O Toi qui voulais boire aux fontaines vivantes ?
Mais non, sa main est vide et sa lèvre est brûlante

Et, du geste, elle montre à ses pieds devant elle,
Ironique risée à sa soif éternelle,
Des débris de cristal et des morceaux d'argile;
Et Toi, jadis si belle et sveltement agile,
A quel mauvais festin as-tu donc pris ta part
Que, la chair alourdie et les cheveux épars,
Tu chancelles d'ivresse en ta robe vineuse?
Va-t'en! Et Toi, dis-moi la douleur qui te creuse
La joue ainsi? pourquoi crispes-tu tes deux mains
Mystérieusement dans l'ombre sur ton sein,
Pour cacher le serpent par qui, de veine en veine,
Coule en ton âcre sang le venin de la haine?
Et Toi qui visitas l'Orgueil, qu'apportes-tu?
Cette pourpre en lambeaux et ce sceptre tordu.
Et Toi encor qui ris et, de sueur couverte
D'être allée au Désir avec tes mains ouvertes,
Reviens de son étreinte enivrante et farouche
Lacérée à la face et mordue à la bouche?
Hélas! qu'avez-vous fait de moi, ô mes Pensées?
Hélas! qu'avez-vous fait de vous, ô mes Pensées?
Mais Toi qui partais chaste, ô Toi qui partais nue
Et seule de tes sœurs ne m'es pas revenue,
C'est vers Toi, à travers moi-même que j'irai.
Tu es restée au fond de quelque bois sacré
Assise solitaire aux pieds nus de l'Amour
Et, taciturne, vous échangez, tour à tour,

Toi te haussant vers lui et lui penché vers Toi,
Une à une, les fleurs divines dont vos doigts,
Qui d'un geste alterné les prennent et les donnent,
Tressent pour vos deux fronts une seule couronne.

LE MARAUDEUR

Comme il pillait la ruche et dévastait la treille,
Volait le fruit de l'arbre et l'outre du cellier,
Plus d'un aurait, cruel au faune familier,
Tendu le lac qui guette ou le piège qui veille.

Mais moi, maître clément du vin et de l'abeille,
Sans bâton pour le battre et pour le houspiller,
Un soir qu'il visitait le cep et l'espalier,
J'ai pris le maraudeur par le bout de l'oreille.

Il était roux, velu, penaud et sur sa face
Camuse se mêlait la peur à la grimace ;
Il soufflait bruyamment et ne regimbait pas ;

Et, tout en le menant par l'enclos, de la sorte,
Dans l'ombre, j'entendais piétiner sur mes pas
L'ongle d'un sabot sec parmi les feuilles mortes.

LA FILEUSE

Fileuse ! L'ombre est tiède et bleuâtre. Une abeille
Bourdonne sourdement dans le jour qui s'endort,
Et ton rouet se mêle à cette rumeur d'or
Ailé qui peu à peu s'engourdit et sommeille.

Il est tard. C'est le soir. Le raisin à la treille
Pend et sa grappe est mûre à l'essaim qui la mord,
Mais, pour la vendanger demain, il faut encor,
Avant que vienne l'aube et que le coq s'éveille,

Que j'aie en cette argile obéissante et douce
Arrondi de la paume et façonné du pouce
Cette amphore qui s'enfle entre mes mains obscures,

Tandis que mon labeur écoute autour de lui
Ton rouet imiter de son rauque murmure
Quelque guêpe invisible éparse dans la nuit.

VIA

Puisque la terre est noire et le fleuve d'argent
Et que la rose meurt sous les griffes du vent
Qui l'effeuille dans l'ombre où saigne, goutte à goutte
Le parfum de son âme et l'odeur de sa pourpre,
Pars. Le sel d'une larme a séché sur ta joue.
Le clair fleuve d'argent sanglote bas et noue
Des îles d'osier vert et de jaunes roseaux
En corbeilles de fleurs entre les pleurs des eaux,
Car l'onde a fui toujours et n'est pas revenue.
La rose merveilleuse et la blanche statue,
L'une s'effrite en poudre et l'autre coule en sang !
Baise la double bouche éphémère, ô Passant !
La nuit doit être longue avant l'aurore fraîche ;
Le vent amer est fait d'épines et de flèches,
Va ! mais la route est dure et le chemin est long.
La ronce griffe ; le serpent mord au talon,
Et puisqu'il faut partir, au moins, et jusqu'au jour,
Demande au souvenir et demande à l'amour,
Pour que ton pas se guide à ta main étoilée,
La lampe inépuisable et la sandale ailée.

CHRYSILLA

Lorsque l'heure viendra de la coupe remplie,
Déesse, épargne-moi de voir à mon chevet
Le Temps tardif couper, sans pleurs et sans regret,
Le long fil importun d'une trop longue vie.

Arme plutôt l'Amour ; hélas ! il m'a haïe
Toujours et je sais trop que le cruel voudrait
Déjà que de mon cœur, à son suprême trait,
Coulât mon sang mortel sur la terre rougie.

Mais non ! que vers le soir en riant m'apparaisse,
Silencieuse, nue et belle, ma Jeunesse !
Qu'elle tienne une rose et l'effeuille dans l'eau ;

J'écouterai l'adieu pleuré par la fontaine
Et, sans qu'il soit besoin de flèches ni de faulx,
Je fermerai les yeux pour la nuit souterraine.

TIMANDRE

Voici la maison blanche où vécut jusqu'au soir
Du long jour studieux qui fut toute sa vie
Timandre qui, jadis, dans la glaise asservie,
Modela cet hermès qu'hier je t'ai fait voir.

Entre. Pousse la porte et tais-toi; l'âtre est noir.
Voici le banc de hêtre et la dalle polie
Où sa grave tristesse ou sa joie éblouie
Chaque matin, dès l'aube, au travail vint s'asseoir.

C'est là que patient, pensif et solitaire
Il fit vivre pour nous le songe en la matière.
Incline-toi, des dieux l'ont souvent visité.

Tu chercherais en vain le tombeau de Timandre
Si la Gloire en secret n'eût, pieuse, sculpté
L'urne d'argile rouge où reposât sa cendre.

LA MÈRE

Prends garde, jeune mère, à l'enfant que tu portes.
Evite la ruelle et ne t'arrête pas,
Avec lui qui sommeille ou rit entre tes bras,
A l'angle de la place ou sur le seuil des portes.

Suis le sentier. Crois-moi. Il vaut mieux que tu sortes
De la ville et marcher doucement, pas à pas,
Le long de cette haie où tu respireras
Aux jardins qu'elle clôt l'odeur des roses fortes.

Il est, plus loin, des lieux tranquilles, ce vieux temple
En ruine où le temps a fait croître plus ample
Le lierre rampant sur les dalles qu'il rompt...

Assieds-toi en chemin devant le soir qui tombe
Et montre à cet enfant dont les jours passeront
La borne de la route et la stèle des tombes.

LA RONCE

Tu n'auras pas en ma pensée un clair tombeau
De marbre solitaire et pur, au bord de l'eau
Qui mirerait ton Ombre en pleurant ta mémoire ;
Je ne planterai pas, pour embaumer la gloire
De ta beauté qui dans sa cendre ici repose,
Le rosier jamais las d'épanouir ses roses
Dont le pieux parfum attire vers la Mort
Le poète qui passe et les abeilles d'or.
Non ! à ton souvenir méchant je dresserai
Une stèle d'argile sèche ou d'âpre grès
Sur qui, seuls visiteurs que ton Ombre apprivoise,
Rampent la fourbe guêpe et la ronce sournoise.

L'OISIVE

Ni tisseuse de lin, ni fileuse de laine...
La quenouille, le dé, l'aiguille ou le fuseau
Ne les sculpte aux parois de mon jeune tombeau,
Car ma vie en ses jours fut paresseuse et vaine.

Pour que ton souvenir me suive et se souvienne,
Lui faut-il le rouet, l'aiguille et le fuseau ?
Pense au passé charmant où mon corps était beau...
Ni fileuse de lin, ni tisseuse de laine !

Non ! je n'ai pas ourdi mes oisives années,
Laborieusement, parmi leurs fleurs fanées ;
Le vent les dispersa dès l'aurore, et, là-bas,

Regardes-en flotter, déjà presque invisibles,
Au fond de ta mémoire et à tes yeux ingrats,
Les souples fils errants qu'emporte l'air flexible.

LA BELLE ANNÉE

Tu récoltes l'Été et tu cueilles l'Automne !
Que le vin écarlate écume dans la tonne,
Que le blé s'amoncelle et déborde au boisseau,
Dans la grange poudreuse ou dans le noir caveau
C'est du soleil qui chante ou du soleil qui dort !
La vendange est ta pourpre et la moisson ton or,
O belle Année, et te voici, blonde et vermeille
Du reflet des épis et du sang de la treille.
Salut ! et, pour la coupe pleine et pour le pain,
Reçois, faite de terre et non de sombre airain
Où l'effigie obscure en sa nuit semble éteinte,
Cette médaille ardente avec ta face empreinte
Qui vivante y sourit, délicate et laurée,
Dans l'argile sanguine où je l'ai figurée.

L'OUVRIER

Longtemps, dans la clarté, j'ai vu tes mains agiles
D'un doigt ingénieux et d'un pouce savant,
Tresser le souple osier et médailler l'argile.

Le jonc flexible, vert, anxieux et vivant
Gémissait de courber sa tige harmonieuse
Encor du bruit de l'eau sur qui passe le vent.

J'ai vu naître à ton gré, toujours silencieuse,
L'image qui riait ou flottait tour à tour
Dans la terre sanguine ou dans la glaise ocreuse.

Le soir, plus prompt déjà, déjà chasse le jour ;
Ta corbeille pesante est pleine de médailles,
Et l'automne plus fraîche a roidi tes doigts gourds ;

Le vieux rosier qui rampe et monte à la muraille
Fait fleurir tristement au toit de ta maison
Une dernière rose en l'or givré des pailles.

Mets la bûche au foyer et la flamme au tison ;
L'automne t'avertit de l'hiver ; l'hirondelle
A cherché le soleil derrière l'horizon ;

Mais, avant de rentrer à l'âtre qui t'appelle,
Tu veux fixer encor par un dernier labeur
Un songe passager dans l'argile fidèle.

C'est bien ; dans sa tristesse ou dans sa fauve ardeur,
Fais sourire ou pleurer le profil ou la face
De celles dont l'amour a dormi sur ton cœur.

La ronde langoureuse où leur beauté s'enlace
Se noue autour de toi en se tenant les mains,
Et chacune par toi va revivre en sa grâce.

Qu'importe maintenant l'hiver ! si tu le crains
N'as-tu pas pour charmer sa saison ténébreuse
Tout le printemps qui rit en ses jeunes matins ?

Laisse l'argile froide et la glaise frileuse
Se gercer sous le gel où durcit le sol nu
Que dessèche le vent et que l'averse creuse.

4.

La terre va dormir lourde de l'an vécu,
Pour que ses fleurs d'été fussent ses fruits d'automne,
Et son flanc saigne encor du soc qui l'a mordu ;

La neige étalera sa blancheur monotone
Pour engourdir sa paix et son obscur repos
Sur qui le vol épars des flocons tourbillonne,

Jusqu'au jour merveilleux où le printemps nouveau
Fera dans sa torpeur courir de veine en veine
Le sang fluide et clair de ses tièdes ruisseaux.

Une sueur d'argent emperle sa peau saine,
La voici qui palpite et s'étire au soleil,
Et les sources en fleurs fument dans son haleine ;

L'aurore en la touchant empourpre son réveil ;
Alors, prends-la, vivante entre tes mains hardies
Et, debout en chantant dans le matin vermeil,

Sculpte avec des doigts d'or son argile rougie.

MÉDAILLES AMOUREUSES

LA TRACE

La terre fut docile à ton double métier,
L'argile au médailleur et la glaise au potier,
Mais ton labeur est vain de façonner encore
Et la hanche de l'urne et le flanc de l'amphore
Et de gonfler la panse et d'amincir le col.
Que tes mains sans regret laissent choir sur le sol
Le vase rouge et noir où ta pointe figure
Sur la courbe rondeur que le feu rendra dure
Un entrelacement de feuilles et de fruits !
Que te sert, au bûcher qui flambe dans la nuit,
Debout et sans repos jusqu'à l'aube, d'attendre
L'heure mystérieuse et froide de la cendre
Pour l'enfermer dans l'urne au lieu d'offrir au vent
Ce que la Mort, hélas ! a laissé d'un Vivant ?
Laisse le lait couler, en blanc flot, des mamelles
Aux bouches sans baisers qui sont faites pour elles,
Pourquoi vouloir rendre captifs le vin ou l'eau ?
Pourquoi veux-tu donner longuement pour tombeau

Le ventre de l'amphore à l'onde des fontaines ?
Toutes les choses sont éternelles et vaines
Et la grappe mûrit toujours neuve, chaque an ;
Bois jeune encor le vin que l'automne nous rend,
Chaque fois qu'il rougit la vigne et qu'au soleil
Il fait lourde la grappe et le pampre vermeil.
La source est toujours prête à notre soif penchée
Pour y boire le flot de son onde glacée.
Considère la fuite et le retour des choses :
Une rose renaît quand s'effeuille une rose.
Ne cherche pas non plus à vouloir retenir
Longtemps dans ta pensée et dans ton souvenir
L'image exacte encor des lèvres fugitives
Dont tu sens à jamais que ta bouche fut ivre.
Dans la médaille nette et ronde de contour
Ne fixe pas la face errante de l'amour ;
Abandonne le bronze et renonce à l'argile
Car sa fragilité n'est pas assez fragile.
Où l'Amour a marché ne cherche pas sa trace.
Regarde le venir et ris lui quand il passe ;
Le vois-tu beau, joyeux, éphémère et divin ?
Mais ne te courbe pas le long de son chemin,
Tu risquerais ainsi de trouver, sur le sable
Où posèrent les pas du passant adorable,
Empreinte au sol encore l'ongle d'un bouc, au lieu
D'y suivre le talon et l'orteil nu du Dieu.

L'INFIDÈLE

Pour être nue aux bras d'un autre qui t'étreint
Qu'as-tu besoin encor de la robe pourprée
Qui, sous ses beaux reflets dont ta chair fut parée,
Faisait saillir ta hanche et dessinait ton sein ?

Que ce collier rompu s'égrène grain par grain !
Que mon talon l'écrase en poussière dorée
Et brise le miroir où tu t'étais mirée,
Riante de mentir au cristal incertain !

Ecoute au sol grincer le tranchant de la bêche;
Dans la terre brûlante encore, aride et sèche
J'ai caché les débris de notre long amour ;

Mais, au bas du cyprès où j'ai creusé sa tombe,
De la cime, j'entends depuis, j'entends toujours
Le sourd roucoulement de la même colombe.

LE SOMMEIL

Les draps frais ont séché sur l'herbe pour ton corps.
Une odeur de soleil, de rosée et de vent
S'y mêle et s'y confond en un parfum vivant ;
Respire la prairie en eux éparse encor.

La chambre jusqu'au soir fut belle d'un jeu d'or
Aérien, subtil, délicat et mouvant.
Tu verras du soleil et des fleurs en rêvant ;
Voici le crépuscule et la nuit sombre. Dors.

Il fait noir. Reste ainsi, les yeux ouverts ; je sais
Que près de nous, tout bas, la grande rose s'est
Avec douceur et tout à coup épanouie !

Tu dors. Ton souffle égal soupire entre tes dents,
Et je sens palpiter la ténèbre éblouie.
Et l'ombre tout entière est pleine de printemps.

L'ARC

Il est venu vers toi pendant que tu dormais,
Et sur ton cher visage il a penché sans bruit
Sa lampe. Vois, l'Amour a visité ta nuit ;
Tu n'auras pas en vain songé que tu l'aimais.

Voici l'aube. Un coq chante, et rien ne te dirait
A ton réveil, ô pâle enfant, que ce fut lui
S'il n'avait laissé choir quand son pas s'est enfui
Trois de ses flèches d'or qu'empourpre du sang frais.

C'est lui. Sa force aiguë et douce a visité,
Voluptueusement, dans l'ombre, ta beauté,
Et tu gardes visible en ta chair lumineuse

Le reflet transparent de sa lampe, et ton corps,
En sa langueur flexible et souple, semble encor
Imiter l'arc divin par sa courbe amoureuse.

L'IVRESSE

Tu viens de la fontaine, et je viens de la source.
Nous nous sommes, un jour, rencontrés sur la route,
Face à face, et tous deux nous portions à la main
Toi l'amphore de grès, moi l'amphore d'airain.
Et tu l'avais remplie en écartant d'un geste
Les roses dont l'été pare la borne agreste
D'où, continuelle et mélodieuse, l'eau
Sourd, fuit, s'épanche, rit, chante et coule tout haut;
Tandis que moi, parmi la ronce qui la garde,
Déchiré par l'épine et mordu par l'écharde,
J'avais puisé, là-bas, à genoux, durement,
Son onde taciturne et son cristal pesant.
Mais qu'importe la ronce et qu'importe la rose!
Tiédis le grès luisant et chauffe l'airain fauve,
Bon soleil, et rends-les tous deux comme de l'or.
Notre vie à jamais est pleine jusqu'au bord
Et sa double abondance à nos bouches incline

Son ivresse limpide et sa fraîcheur divine ;
Et notre double amour, sur le même chemin,
Qui marche côte à côte en se tenant les mains,
Avant qu'au jour qui fuit succédât la nuit sombre,
Sur le sable brûlant n'a fait qu'une seule ombre.

SOIR

Dans le silence pur et dans l'ombre attentive,
Ecoute mollement couler le tiède bruit
Que font en s'effeuillant les roses d'aujourd'hui,
Et qu'en ton souvenir un parfum leur survive.

Une heure doit s'enfuir pour qu'une autre la suive
Et rapporte à son tour ce qu'emporte avec lui
Le temps irrésistible et fourbe qui s'enfuit
En tenant par la main l'heure qu'il rend furtive.

Regarde le beau vase arrondir, clair et vide,
Son urne transparente et son cristal limpide :
Sa déserte fraîcheur est douce pour tes mains.

L'inépuisable Amour a d'autres fleurs écloses,
Et tu souris encor, toi qui sais les chemins
De la source éternelle et des nouvelles roses.

PHILÉNIS ET EUCRATE

Le vent brusque à mon seuil souffla ma lampe haute,
Mais j'ai vu ton visage et je sais que c'est toi ;
Viens vite sur le lit que deux corps font étroit ;
L'amour va doucement nous coucher côte à côte.

Non, ne rallume pas la lampe, ô mon cher hôte !
Je sais quel voyageur j'abrite sous mon toit ;
Sois patient, ne gronde point, écoute-moi
Délacer lentement ma sandale que j'ôte.

Ne sens-tu donc que l'heure amoureuse est venue
Où, peu à peu, pour toi, j'achève d'être nue ?
Mais laisse encor qu'avant de m'étendre en tes bras

Mon geste ténébreux sans ombre sur le mur,
Au nocturne miroir où je ne me vois pas,
Passe un peigne invisible en mes cheveux obscurs.

LA PROMENADE

Je te donne cette heure; elle est à toi. Va-t'en.
Vis-la silencieuse et vis-la solitaire,
Et, pour un jour entier, sois à toi tout entière
Sans plus t'inquiéter de l'ombre où je t'attends.

Sois libre. Mon pas lourd, hélas! a trop souvent
Retardé ta jeunesse où tu marches légère
Dans le double sourire et la double lumière
De ce matin joyeux et de ton clair printemps.

Ce dur arbre tordu qui ressemble à ma vie
Abritera mon doute et ma mélancolie;
C'est là que j'attendrai venir le soir, heureux

Si le vent, pitoyable à mon songe morose,
Des fleurs que tu cueillis, hélas! loin de mes yeux,
M'apporte le parfum et te laisse la rose.

AUBE D'AUTOMNE

Le cygne m'a guidé le long du fleuve clair.
Le chemin s'interrompt et le sentier se perd,
Mais la colombe douce et l'agneau lent qui bêle
M'ont conduit pas à pas et me furent fidèles,
Et, lorsque vint le soir, l'étoile s'est levée,
Solitaire, au détour de la route trouvée,
Et j'ai senti l'écho, à l'oreille, tout près,
M'appelant d'arbre en arbre à travers la forêt
Et que la source vive et la fraîche fontaine
Me parlaient, que le saule gris et le blanc frêne
Se penchaient pour me voir au-dessus de la haie...
Le doux vent m'apporta l'odeur des roseraies,
Le parfum des jardins et le goût des fruits mûrs,
Et l'espalier en croix et la treille du mur,
Me firent signe aussi de marcher vers l'aurore.
Le ruisseau me riait de son courant sonore;
La ronce s'écartait, l'herbe devenait lisse;

Le caillou dévalait sur la pente complice,
Et la grotte, entr'ouvrant sa gueule, me dit : Entre !
Nymphe ! je t'ai trouvée, en l'ombre, au fond de l'antre,
Debout et nue ; et le jour vint et nous sortîmes
Et, là-bas, par delà les berges et les cimes
Du fleuve radieux et de l'âpre forêt,
Mystérieusement à qui tu souriais,
Nous voyions se mêler, dans le ciel rose et mauve,
Les cygnes de l'aurore aux colombes de l'aube.

TROIS SONNETS POUR BILITIS

★

Pour que la porte s'ouvre et te reçoive, Amour,
Ne viens pas, en prenant la forme et la figure
D'un jeune guerrier beau sous l'airain et la bure,
Impérieusement y heurter d'un poing lourd.

Suis pour franchir le seuil un plus subtil détour
Et que l'œil qui te guette à travers la serrure
Voie en toi, égarée et lasse, à l'aventure,
Quelque fille des champs de la ville ou du bourg.

Ne prends pas pour guider tes pas sur le chemin
La torche brusque. Non. Une lampe à la main,
Entre. Son rire est doux si rien ne l'effarouche ;

Et bientôt tu verras dans la chambre fermée,
Tour à tour acharnée ou soumise à ta bouche,
Bilitis amoureuse et Bilitis aimée.

★

Bilitis, pour louer l'Amour, tu as cueilli,
Sur le même rosier qui fleurit double et porte
L'une et l'autre en sa pourpre épanouie et forte,
Deux roses dont le sang en pétales jaillit.

Dans la coupe d'onyx que ton geste remplit
Aux deux amphores d'or qu'un esclave t'apporte,
Tu verses pour le dieu vers qui ta voix exhorte
Le vin du même cep en même temps vieilli ;

Car l'Eros que tu sers dans l'Ile délicate
N'est pas celui qui veut l'étreinte disparate
Où la vierge succombe à l'amant musculeux ;

Bilitis est pieuse à l'amour qui, comme elle,
Subtil en sa caresse et souple dans ses jeux,
Semble être dans une autre à soi-même fidèle.

★

Mes Sœurs, notre jeunesse a mûri lentement
Sa grappe savoureuse à nos treilles rivales
Et nos jours que le Temps presse de ses sandales
Ont coulé comme un vin dont l'ivresse nous ment;

L'âge est venu sournois, furtif, fourbe et gourmand,
Mordre et flétrir, hélas! nos gorges inégales;
Notre vendange est faite et j'entends sur les dalles
Marcher le vigneron dans le cellier dormant.

Vous, ô mes Sœurs, je vois vos mémoires perdues
Vieillir poudreusement comme les outres bues,
Et moi que visita la Muse aux ailes d'or,

Je resterai pareille à l'amphore embaumée
Où, captif aux parois qu'elle respire encore,
Vibre et rôde le vol d'une abeille enfermée.

L'AMOUR ET LE SOMMEIL

Sur le mur bleu de lune et jaune de soleil,
Côte à côte, on a peint l'Amour et le Sommeil,
L'un portant le flambeau, l'autre la lampe éteinte
Et, jour à jour, le stuc s'écaille, le mur suinte,
Car la clepsydre est vide et la vie est passée.
Le sourire est plus pâle à la bouche effacée
Et je regarde, sans qu'à l'aurore il renaisse,
Le double emblème peint sur ton mur, ô Jeunesse!
Et, jaunes de soleil ou bleuâtres de lune,
Le sablier vide ses heures, une à une,
En silence, et, là-bas, je regarde toujours
Le Sommeil qui longtemps dormit avec l'Amour
Dont le flambeau fume, s'éteint et devient noir
Et, peu à peu, au crépuscule, je crois voir,
Laissant traîner son aile au pavé qui l'effleure,
L'Amour las endormi près du Sommeil qui pleure.

LE PAS

L'Amour passe. Regarde, écoute, attends, espère ;
Son pas mystérieux est partout en chemin
Et, visiteur du soir, du jour ou du matin,
Il sait ton seuil bruyant ou ton seuil solitaire.

Le voici. Devant lui, pour qu'il se désaltère,
Dispose sur la table où choisira sa main
La coupe de ta source ou l'outre de ton vin.
Il rira. Tu riras à ton tour pour lui plaire.

Dors en ses bras comme j'y dormis en pensant
Arrêter à jamais cet éternel Passant.
Il est debout déjà dans l'aube et toi tu dors,

Sans entendre tout bas se poser sur la dalle
Pour partir, et tandis que l'autre est nu encor,
L'un de ses pieds déjà chaussé de la sandale.

RENAISSANCE

Tu montes marche à marche et tu viens pas à pas,
Frôlant la dalle nue au fond du corridor,
Et ta main à la clef hésite et tarde encor
Et tu restes au seuil et respires tout bas ;

La porte s'est ouverte et lente tu entras
Et avec toi le clair matin de vent et d'or,
Mais tu ne portais plus, reprise à l'amour mort,
La lampe qui le veille et ne l'éveille pas.

Je ne reconnais point ton visage penché
Vers moi ; je ne t'ai pas reconnue, ô Psyché
Morose ! ton sourire est si doux, et ton aile

Joyeuse ne s'alourdit plus d'un crêpe sombre,
Et j'ai compris enfin à te trouver plus belle
Que la beauté de l'aube est d'avoir été l'ombre.

LA BARQUE

J'ai rempli jusqu'au bord, de la poupe à la proue,
Des fleurs que tu cueillis en venant vers la rive,
Ma barque, et le blanc lys et la rose pensive
Se regardent fleurir dans l'onde, joue à joue.

Entre. Pose ton pied ; assieds-toi là, dénoue
La sandale du cuir qui blesse ta chair vive
Et, comme un souvenir de la terre furtive
Écoute les graviers que ton talon secoue.

Amour ! tu t'es assis dans ma barque embaumée
Qui, sur les lents remous où rôde l'eau charmée,
Porte en elle, à la fois immobile et mouvante,

L'odeur du double Été qui nous isole en lui,
Sans savoir si la rive où le fleuve serpente
S'étire pour l'aurore ou s'étend pour la nuit.

LEVER DE LUNE

Tu m'as dit : Laisse cette argile
Où tu veux modeler pour moi
Ma médaille exacte et fragile.

Tu voudrais y faire à la fois
Sourire mes yeux et ma bouche
Tels qu'ils sont et que tu les vois.

Laisse cette terre, n'y touche
Plus, et que friable demain
Elle s'effrite sous ton pouce.

L'argile, le marbre et l'airain,
Pas plus que l'eau souple et mouvante,
Ne seraient mon visage vain,

Vaine est l'ébauche que tu tentes,
Car ma fugitive beauté
N'est vraiment belle que vivante.

Elle ne veut d'éternité
Que l'instant qui passe et l'emporte
Sur l'aile de la Volupté,

Et je la croirais déjà morte
Si je la voyais revivant
Dans cette terre qui la porte

Lorsque, les pieds nus et devant
Toi qui me suis sur l'herbe fraîche,
Je marche debout dans le vent.

Le soir vient. Viens avec moi, laisse
Tout cela qui n'est pas ma chair.
Le temps fuit et la vie est brève.

Le jour est encore assez clair
Pour aller jusqu'au bout des chaumes
D'où l'on voit monter de la mer

La lune ronde, molle et jaune.

L'AVEUGLE

La Tristesse a pesé longtemps sur tes paupières
Du baiser de sa lèvre grave et du poids las
De sa bouche, et tes yeux qui ne souriaient pas
Restaient clos dans la nuit de ta face de pierre ;

Et tu marchais ainsi aveugle à l'aube claire
Dans l'écho où de toi semblaient s'enfuir tes pas,
Et dans ton âme sombre où tu errais, là-bas,
Les arbres se mouraient de l'étreinte du lierre ;

Et, dans l'or doux des jours et l'argent des matins,
Tu ne voyais, hélas ! sous tes pas incertains
Ni les fleurs s'entr'ouvrir, ni voler les colombes,

Ni, dans le crépuscule ébloui de son sang
Qui saigne goutte à goutte où le pétale tombe,
Une rose divine en flamme dans le vent !

ÉCHO

L'eau de la mer a fait la couleur de mes yeux
Comme la rose a mis de la sienne à ta bouche,
Et, sur le sable blond où ton doux corps se couche,
L'or de l'algue est pareil à l'or de tes cheveux.

J'aime en toi le reflet des heures et des lieux
Et je suis, tour à tour, somnolent ou farouche
Selon que l'Eté las ou l'âpre Hiver embouche
Ses clairons durs ou ses roseaux mélodieux.

L'oiseau qui vole d'arbre en arbre est mon espoir ;
Mon songe se regarde en la face du soir,
Et mon rire est le vent dans les feuilles, là-bas !

Je pense la saison et je pleure la pluie ;
Le fleuve sait ma route et j'ai suivi mes pas
Dans l'écho qui marchait au-devant de ma Vie.

LE BOUQUET NOIR

Le nocturne jardin où le jour et l'été
Ont mûri l'espalier et fleuri la guirlande
Pour que le fruit trop lourd à la branche suspende
Le flexible poids d'or de sa maturité,

Le nocturne jardin au soleil exalté
S'apaise, fleur à fleur, et la rose appréhende
Le crépuscule lent qui l'ouvre toute grande
Jusques à se mourir de sa suavité.

Tout le jour, de la chambre, à travers la persienne,
Nous avons respiré l'odeur aérienne
Du jardin tiède encor où nous irons, ce soir,

Écouter les fruits mûrs dans le silence las
Qui tombent, et cueillir, dans l'ombre, un bouquet noir
A d'invisibles fleurs que nous ne verrons pas.

LA MUSE

La Muse à qui mes mains ont tressé, l'autre année,
Pour sa tête divine à mon geste inclinée,
La couronne flexible et le souple bandeau
Où j'ai mêlé la rose ardente et l'iris d'eau
Avec l'algue marine et le lierre des bois,
La Muse au front orné par l'amour de mes doigts
Des fleurs du vert printemps et de l'automne rousse,
Elle que je connus hautaine m'a dit, douce,
Souriant à demi dans l'ombre, lentement,
Puis plus haut peu à peu et debout dans le vent :
« Certes il sied, ô toi qui m'es humble et fidèle,
D'aimer la pourpre chaste où tu me trouves belle
Et qui tombe à longs plis égaux et qui s'étale
Jusques à mon orteil que montre la sandale
Et d'où sort noblement d'un geste qui l'étire
Mon bras cerclé de bronze et qui porte une lyre ;
Mais ne va pas au moins oublier qu'en secret

Mon corps inattendu quelquefois apparaît
Au cher passant pour qui ma robe alors s'entr'ouvre
Et que, sous le tissu glorieux qui les couvre,
Palpite ma beauté et frissonne ma chair.
Ne sais-tu pas, non plus, que la source et la mer
Sont faites pour baigner ma peau et que le vent,
Debout à mon côté, de ses ongles, souvent
A dénoué ma chevelure pour la tordre
Eparse, et que ma bouche odorante aime à mordre
Les fruits voluptueux qui parfument la nuit?
Et si, en m'appelant, dans l'ombre, tu me suis,
Au retour de l'aurore, en retrouvant en moi
Le sourire hautain qui dompte et le pli droit
De ma robe sacrée où je suis haletante,
Tu verras, à travers sa pourpre transparente
Dont j'apparais à tous orgueilleuse et vêtue,
Marcher devant tes yeux la Muse pour toi nue. »

MÉDAILLES HEROIQUES

LE CENTAURE

Moi le Thessalien, Centaure, homme et cheval,
J'ai bu le vin jailli de l'outre qu'on débouche ;
La Nymphe à mon étreinte a crié, bouche à bouche,
Et mon galop sonna sur les pierres du val,

Le glaive du héros, au Combat Nuptial,
Marqua mon poitrail fauve et ma croupe farouche,
Et l'Epouse aux yeux clairs dont j'ai tenté la couche
Frôla sa toison nue à mon poil d'animal.

La Ménade en riant a bondi sur mon dos ;
L'orgie en fleurs a peint de rouge mes sabots ;
Le Satyre me rit et le Faune m'honore,

Mais l'Amour maintenant me mène par la main,
Et tous deux, à pas lents, nous cherchons, à l'aurore,
La pâle centaurée et la pomme de pin.

L'ALERTE

Prends la trompe de bronze et monte sur la tour.
Une aurore de sang à l'horizon hostile
Empourpre le pavé, le fronton et la tuile
Et sa lueur livide annonce un mauvais jour.

Penche-toi. A tes pieds s'élargit le contour
Du haut mur anguleux qui protège la Ville,
Et, saluant les dieux debout aux péristyles,
D'un grand geste muet lève le buccin lourd.

Pour que l'alerte épande aux quatre coins du ciel
Sa fanfare guerrière et son farouche appel,
Gonfle ta joue et mords de la dent le métal ;

Mai, savant qu'en l'airain ta voix éclate et crie,
A plein souffle, et la bouche ouverte au vent natal,
Respire autour de toi l'air pur de la patrie.

LA STATUE

Tu ris, Enfant. La terre entre tes doigts heureux
S'effrite, coule et fuit de ta main qui se vide
Et, devant toi, debout en son bronze rigide,
Cette haute statue a souri à tes jeux.

Regarde. L'homme est calme et le cheval fougueux.
Une main hausse un glaive et l'autre tient la bride.
Le quadruple sabot au socle qu'il oxyde
Imprime aux quatre coins son pas silencieux.

Cet équestre Héros que sacre un laurier d'or,
Souviens-toi, quand plus tard tu le verras encor,
Que son sang a rougi le sol de la patrie,

Et que, muet présage à tes jeunes destins,
Il a levé sur toi à l'aube de ta vie
Le geste glorieux de son ombre d'airain !

LE CAPTIF

Moi que courbent le fouet et la rame servile,
Captif, ma tête est blanche et je songe à la Ville
Debout jadis et haute autrefois sur la mer.
La lame bat toujours le rivage désert
Où le sable marin reste mêlé de cendre;
Mais l'eau du Simoïs et l'onde du Scamandre
Ne désaltèrent plus ma bouche, et l'âpre vin
Du maître, à l'outre bu en secret, fait en vain
Chanter mon désespoir et rire ma tristesse,
Lorsque je crois encore en sa menteuse ivresse
Fouler le sol natal et toucher du talon
La pierre de la route et l'herbe du vallon
Et, quand à l'Occident l'or du soleil rougeoie,
Voir s'empourprer au ciel le fantôme de Troie!

LE RÉVEIL

La nuit lente s'en va peu à peu. J'ai rêvé
Un long songe de cris, d'angoisse et de colère...
Et l'ombre moins confuse est à peine plus claire,
L'aube à peine a bleui le mur et le pavé.

Hier encore pourtant le jour s'est achevé
Très doux et j'ai cueilli dans le bois solitaire
Pour cette urne de glaise et ce vase de verre
Cette rose arrondie et ce lys incurvé.

Mais ce matin le coq salue à pleine gorge
Une aurore enflammée où le feu de la forge
Matinale, déjà gronde, étincelle et luit ;

L'enclume sonne au marteau dur, âpre vigile
Et le glaive qu'il bat à son robuste bruit
Fait tinter le cristal et se fendre l'argile.

LA VILLE

Cette Ville bourdonne et vibre au soleil d'or.
Sa rue est large et claire et sa place est dallée ;
Le vent des bois s'y mêle à la brise salée
Et l'odeur des jardins à la senteur du port.

L'aurore la réveille et le couchant l'endort ;
On y chante, on y aime et la nuit étoilée
Unit la chair suave à l'étreinte musclée,
Car la femme est voluptueuse et l'homme fort.

Mais à chaque âtre où brûle en la cendre un tison,
Comme pour rappeler hier à ceux qui sont,
Un lourd glaive suspend sa lame à quelque clou,

Et, fils d'une Cité que des héros ont faite,
Devant le socle où rit la Victoire debout,
Nul ne passe jamais sans retourner la tête.

L'ACCUEIL

Lorsque ton beau pied nu foula, divine Hélène,
Le rivage marin de la terre troyenne
D'où nous tendions les bras à Pâris de retour,
Un long cri de désir, de tendresse et d'amour
Monta dans l'air, du fond de nos rauques poitrines ;
Et chacun ressentit alors la peur divine
Et le grave frisson d'avoir vu la Beauté.
O Joie ! Et savions-nous la sombre vérité :
Que le souffle léger de tes lèvres charmantes
Gonflerait sur les mers à leur proue écumantes
La voile belliqueuse et pousserait vers nous
La colère des Rois outragés dans l'Époux ;
Que le noir éperon des nefs mordrait le sable,
Où coulerait bientôt le sang intarissable ;
Que le clair tintement de l'or de tes colliers,
Hélène, précédait le choc des boucliers
Et que derrière toi grondait, hargneuse et forte,

La Grèce dont le flot bat le mur et la porte
De notre Ville en deuil autour de qui j'entends
Tourner dans la poussière et hennir dans le vent
L'attelage fougueux des étalons farouches
Qui traînent par les pieds et le sang à la bouche,
Victime lamentable et sans sépulcre encor,
Le cadavre saignant qui jadis fut Hector !

LE FILS

Le soc de ma charrue au revers du sillon
A maintes fois fait luire en la glèbe rustique
Quelque tronçon de glaive ou quelque fer de pique
Qu'en passant je poussais du bout de l'aiguillon.

Le soleil triomphal empourpre mon haillon
D'une couleur de gloire et de sang héroïque,
Et, frissonnant encor de la trouvaille épique,
Je rentre à mon foyer où chante le grillon.

Laboureur qui cultive un champ jadis guerrier,
Je moissonne l'épi et rêve du laurier !
Tandis qu'au nourrisson qui sous elle se couche

Ma chèvre offre son pis qu'il serre entre ses mains.
C'est mon fils, et déjà j'imagine à sa bouche
La tettine sans lait de la Louve d'airain.

LE VÉTÉRAN

Aux Priapes gardiens du cep et de la graine
J'ai consacré jadis le bornage et l'arpent
Et confié l'étable et le bercail à Pan
Qui fait croître la corne et préserve la laine.

Depuis, le glaive court et brusque, de sa gaine,
Bat ma cuisse et j'écoute infatigablement
Retentir sur la dalle et sur le dur ciment
Ma semelle de cuir que la victoire entraîne.

Soldat qui fut pasteur, j'ai humé l'air romain ;
Et, quittant le troupeau pour la Louve d'airain,
J'ai suivi l'Aigle d'or éployée à la pique ;

Mais un regret natal émeut mon cœur troublé
Si j'entends, du sol grec ou du sillon celtique,
Une caille qui chante au coin d'un champ de blé.

DIONYSIAQUE

J'ai parcouru la terre et j'ai cherché les Dieux.
Elle est toujours pareille au limon fabuleux
D'où sortirent jadis les figures divines.
L'automne encor mûrit aux pentes des collines
La grappe lourde au cep et vineuse au pressoir.
Mais les vendangeurs las qui passent dans le soir
Au bruit de leurs sabots gras de glèbe et de boue
Marchent la tête basse et poussent à la roue
Et mènent tristement, courbés sous leur fardeau,
Des treilles de la vigne aux tonnes du caveau,
Le char de la Vendange inerte et taciturne...
L'amphore entre leurs mains est triste comme une urne ;
Le pressoir en tournant gémit, et c'est en vain
Que sous les talons nus ruissellera le vin ;
Nul ne célèbre plus son ardeur où rougeoie
Le rire de l'amour et le feu de la joie
En foulant le raisin que trépigne l'orteil !
Je ne vois plus le bras énergique et vermeil
Hausser farouchement, comme en l'antique orgie,

La corbeille empourprée et la serpe rougie,
Ni le Dieu qui menait la rieuse fureur
Des torses enlacés et des seins en sueur
Et qui, svelte en sa chair toujours adolescente,
Guidait du thyrse haut la fête renaissante
Et, la grappe à la bouche et les pampres aux reins,
Ruait, avec des cris, vers les pommes de pin
Qu'il jetait à travers leur foule échevelée,
En une furieuse et sonore mêlée,
Les Ménades en sang et les Silènes ivres.

Comme un sourd tambourin de cuir dur et de cuivre,
Le vent gronde toujours au fond de la forêt ;
Il rôde, se reprend, s'étire et l'on dirait,
A l'entendre à travers les branches, doux et rauque,
Mystérieux, sournois et souple, qu'il évoque,
Dans la rousse splendeur de l'automne qu'il mord
Et meurtrit de sa dent et de sa griffe d'or,
Les grands tigres striés qui sous le joug bachique
Traînaient le char du Dieu debout et frénétique
Dont le sommeil repu à l'âpre et fauve appui
Du beau flanc qui s'enflait et respirait sous lui
S'étendait en sentant sur sa bouche gorgée
Passer le souffle chaud de la bête allongée
Dans l'herbe ténébreuse où, jusques au matin,
S'endormait leur repos bestial et divin.

LES FRÈRES

Crois-moi. Tes pieds sont faits pour suivre le chemin
Qui, du seuil de la porte au bord de la fontaine,
Conduit si mollement que sur son sable à peine
Se marquera ton pas silencieux et vain.

L'air natal respiré rend ton soupir divin.
Chante. Ta flûte est droite et juste ton haleine.
La nature s'émeut à la chanson humaine ;
La colombe roucoule et ne fuit pas ta main.

Pour moi, mon dur talon convient à la sandale ;
Ma semelle de cuir frappe fort sur la dalle ;
Mon souffle âpre sied mieux au cuivre qu'au roseau.

Adieu, Frère, la vie est double, rude ou belle,
Et saurons-nous quel Dieu nous fit ainsi rivaux,
Car ma voix furieuse est pourtant fraternelle ?

MASQUE TRAGIQUE

L'orgueil du haut cothurne et du sombre laurier
Qui grandit mon talon et couronne ma tête
M'a fait ainsi debout en ma force secrète
Tour à tour pâtre, roi, prêtre, esclave ou guerrier.

La pourpre me revêt d'un reflet meurtrier
Et l'âme du héros par le vers du poète
Seule anime à son gré ma bouche qui se prête
A qui veut par sa voix se dire ou se crier.

Tu verras au tréteau mon geste et ma mimique
Varier son visage et draper sa tunique ;
Et pour que j'apparaisse ainsi que tu me veux,

Durable en ta mémoire où vivra mon génie,
Il faut que mon cœur mêle en ces tragiques jeux
La sueur de ma chair et le sang de ma vie.

PÉGASE

Regarde, haletant et farouche au soleil,
Se dresser devant toi le beau groupe vermeil.
L'étreinte des genoux presse le flanc fougueux,
Une brume d'or roux en fumée autour d'eux
Confond superbement en sa splendeur poudreuse
Le torse qui se cambre et le rein qui se creuse
Et mêle en un seul bloc de force et de clarté
Le Héros triomphant et Pégase dompté.
Vois-tu, terrestre encor, prêt à quitter le sol,
Ce cabrement déjà qui va devenir vol,
Car le divin cheval à son épaule éploie,
Faites de pourpre en flamme où la gloire flamboie,
Prodigieusement, deux ailes de lumière ?
Les cordes d'une lyre aux crins de la crinière
S'entremêlent. Debout toujours, toujours pareil,
Le beau groupe toujours cabré dans le soleil,
Immobiles tous deux, toujours, sans qu'aucun bouge,

L'eblouissement nu de leur beauté d'or rouge ;
Et le soir est venu qu'ils étaient encor là ;
Mais, avec le soleil disparu, leur éclat
S'était éteint, laissant de leur splendeur vivante
Un bloc inerte et noir de songe et d'épouvante
Qui semblait à jamais se tordre dans la nuit.
Et quand, les bras tendus, je m'approchai de lui
Jusqu'à toucher du doigt le flanc et la crinière,
Je vis que le cheval et l'homme étaient de pierre.

LE PIÈGE

Tu hantes la montagne et tu fuis le vallon
Où la source secrète encore et sans fontaine
Humecte sourdement de son eau souterraine
Le sol de glaise grasse et qui suinte aux talons.

Y craindrais-tu le taon, la guêpe ou le frelon
Qui bourdonne au poitrail ou qui pique à la veine
Que tu cherches le roc, la crête et la moraine
Plus sèche et plus solide à ton pas d'étalon ?

O Centaure goulu, pour t'attirer, ma ruse
T'offre dans l'herbe fraîche une outre qui t'abuse.
Tu la flaires, la bois et pars en hennissant,

Mais déjà ton sabot a marqué dans l'argile
Son empreinte où j'arrête, ô farouche Passant,
Ton galop que j'y sculpte à jamais immobile.

MÉDAILLES MARINES

LA CONQUE

La Mer, quand elle est lasse, allonge indolemment
Jusques à l'horizon son corps glauque et mouvant ;
La lune sur les eaux l'argente et la fait nue,
Parfois ; puis, au matin, l'aurore revenue
Vêt son repos fluide et son souple réveil
D'une robe de feu, de brume et de soleil
Que de grands midis d'or couvrent de pierreries,
A moins que quelque sombre et soudaine furie
La dresse haletante et debout et hurlant
Par les gueules du flot et les bouches du vent,
En sa colère au ciel dispersée en écumes...
Et, plus lasse d'avoir craché son amertume,
La voici qui s'endort sur la grève à tes pieds
Laissant traîner parmi le sable et les galets
Sa verte chevelure éparse d'algues longues ;
Ecarte-les et prends en tes mains cette conque
Toute irisée encor de marée et d'embrun
Et ruisselante et qui semble écouter quelqu'un,
Et tu croiras parler, en sa nacre tordue,
A l'oreille, tout bas, de la mer qui s'est tue.

SUR LA GRÈVE

Couche-toi sur la grève et prends en tes deux mains,
Pour le laisser couler ensuite, grain par grain,
De ce beau sable blond que le soleil fait d'or ;
Puis, avant de fermer les yeux, contemple encor
La mer harmonieuse et le ciel transparent,
Et, quand tu sentiras, peu à peu, doucement,
Que rien ne pèse plus à tes mains plus légères,
Avant que de nouveau tu rouvres tes paupières,
Songe que notre vie à nous emprunte et mêle
Son sable fugitif à la grève éternelle.

L'ADIEU

Si la mer prend un jour mon corps en ses tempêtes
Et ne l'apporte pas aux rives où vous êtes,
Roulé dans son écume et ses algues, c'est bien,
Oubliez-moi, ou si peut-être on se souvient
De celui qui partit jadis, à son aurore,
Battant le flot docile à sa rame sonore,
Qu'on se dise tout bas mon nom dans les veillées
Où, sur l'escabeau fruste et les ancres rouillées,
Assis à l'âtre, on parle à mi-voix des absents.
Mais si, dans ma maison, morose et chargé d'ans,
Le destin, satisfait de ma tâche remplie,
Veut que terrestrement je termine ma vie,
Construisez, pour brûler, selon l'antique usage,
Avant l'obscure escale et le sombre passage,
Ma dépouille longtemps errante, un clair bûcher
Fait d'épaves en haut de quelque haut rocher
Et d'où toute la mer verra la flamme énorme !
Et pour qu'au noir séjour tranquillement je dorme,
Dans mon urne d'argile ou mon urne d'airain,
Mêlez ma cendre humaine à du sable marin.

LE PASSAGER

Laisse la porte ouverte à tous, qu'un autre tente
De rallumer à l'âtre où le feu s'est éteint
La broussaille épineuse et la pomme de pin ;
Leur cendre fut jadis une flamme vivante.

Tu as passé le seuil que fuit ta vie errante ;
Ne te retourne pas vers le passé ; ta main,
De ta lampe penchée, éclairerait en vain
L'obscur sommeil qui clôt sa face sans attente.

Les larmes de l'amour ont pleuré l'heure morte ;
Emporte seulement sous ton manteau, emporte
Le grand coq familier qui réveillait vos yeux ;

Respire. L'air salin a gonflé ta poitrine !
Et son chant saluera demain sous d'autres cieux
La matinale mer et l'aurore marine.

LE VIEILLARD

J'ai fui les flots mouvants pour ce calme vallon.
Il est fertile. Un bois y est tout l'horizon
Et sa rumeur imite à l'oreille incertaine
Le bruit aérien de quelque mer lointaine
Qui m'apporte l'écho de mon passé marin,
Et, quand l'orme gémit et que tremble le pin,
Je crois entendre encor en leur glauque murmure
Se plaindre le cordage et craquer la mâture,
Et l'oblique sillon que je trace en marchant
Derrière ma charrue au travers de mon champ
Me semble, dans la glèbe épaisse, grasse et brune,
Quelque vague immobile, inerte et sans écume
Qui se gonfle, s'allonge et ne déferle pas.
Car, vieillard, j'ai quitté la mer et ses combats
Pour la tâche tranquille où mon labeur s'applique.
Et mon houleux matin s'achève en soir rustique,
Et dans mes noirs filets tant de fois recousus
J'ai fait une besace où je ne porte plus
En ses mailles, mêlés à quelques feuilles sèches,
Que les fruits qu'offre l'herbe à ma terrestre pêche.

LE DÉPART

Je n'emporte avec moi sur la mer sans retour
Qu'une rose cueillie à notre long amour.
J'ai tout quitté ; mon pas laisse encor sur la grève
Empreinte au sable insoucieux sa trace brève
Et la mer en montant aura vite effacé
Ce vestige incertain qu'y laissa mon passé.
Partons ! que l'âpre vent en mes voiles tendues
Souffle et m'entraîne loin de la terre perdue
Là-bas. Qu'un autre pleure en fuite à l'horizon
La tuile rouge encore au toit de sa maison,
Là-bas, diminuée et déjà si lointaine !
Qu'il regrette le clos, le champ et la fontaine !
Moi je ferme la porte et je ne pleure pas.
Et puissent, si les dieux me mènent au trépas,
Les flots m'ensevelir en la tombe que creuse

Au voyageur la mer perfide et dangereuse !
Car je mourrai debout comme tu m'auras vu
Sur la proue, au départ, heureux et gai, pourvu
Que la rose à jamais de mon amour vivant
Embaume la tempête et parfume le vent.

ÉCHO MARIN

C'est dans ce petit bois et proche de la mer
Où le hêtre argenté et le pin toujours vert
Mêlent leurs fûts polis et leurs troncs résineux,
C'est là, au sol de sable tiède, que je veux
Dormir, car c'était là, jadis, que bûcheron,
J'abattais, en chantant, d'un geste jeune et prompt
Les arbres dont j'ai fait les mâts et la carène
Qui m'ont porté longtemps sur la mer incertaine,
Tandis que toi, restée au seuil de la maison,
Silencieuse, et le regard à l'horizon,
Tu suivais sur la mer ma voile entre les voiles
En rêvant à ma proue une propice étoile.
O douceur, amertume, espoir, transes, retours,
Départs, rires de joie et larmes, tour à tour !
Et les deux bras noués à mon cou ruisselant !
Là-bas la mouette errante et l'âpre goéland,
Ici la tourterelle et la lente colombe !

Mais maintenant ma vie est faite ; le soir tombe.
Et mes os épargnés par le flot vagabond
A l'ombre du cher bois au sable dormiront,
Parmi les hêtres blancs et les pins résineux,
Tandis qu'au vent qui passe en fuite au-dessus d'eux
Murmurera tout bas à mon oreille vaine
Un invisible écho de mers aériennes.

L'ALGUE

Dans l'aurore rieuse ou le matin qui vente
Je m'éveille en sursaut et pousse le volet,
Et j'entends bruire au sable ou gronder au galet
Le refrain rauque ou doux de la marée errante.

La pêche est incertaine et nargue qui se vante,
Et souvent le poisson est rare à mon filet ;
Mais j'en tire parfois une algue au beau reflet
Qui s'échevèle entre mes doigts, souple et vivante.

Je la noue à mon poing humide et je crois voir,
Là-bas, dans ma maison et debout, au miroir
Qui figure à ses yeux une mer immobile,

Tandis que sur les flots rame mon bras nerveux,
La nocturne Beauté d'où le matin m'exile,
Sortir de son lit nue et peigner ses cheveux.

ODE MARINE

J'entends la mer
Murmurer au loin, quand le vent
Entre les pins, souvent,
Porte son bruit rauque et amer
Qui s'assourdit, roucoule ou siffle, à travers
Les pins rouges sur le ciel clair...

Parfois
Sa sinueuse, sa souple voix
Semble ramper à l'oreille, puis recule
Plus basse au fond du crépuscule
Et puis se tait pendant des jours
Comme endormie
Avec le vent
Et je l'oublie...
Mais un matin elle reprend
Avec la houle et la marée,

Plus haute, plus désespérée,
Et je l'entends.

C'est un bruit d'eau qui souffre et gronde et se lamente
Derrière les arbres sans qu'on la voie,
Calmée ou écumante
Selon que le couchant saigne ou rougeoie,
Se meurt ardent ou s'éteint tiède...

Sans ce grand murmure qui croît ou cesse
Et roule ou berce
Mes heures, chacune, et mes pensées,
Sans lui, cette terre crue
Et crevassée
Que çà et là renfle et bossue
Un tertre jaune où poussent roses
De rares fleurs chétives qui penchent,
Sans lui, ce lieu âpre et morose
D'où je ne vois qu'un horizon pauvre
De solitude et de silence
Serait trop triste à ma pensée

Car je suis seul, vois-tu. Toute la Vie
M'appelle à son passé encor qui rit et crie
Par mille bouches éloquentes
Derrière moi, là-bas, les mains tendues,

Debout et nue ;
Et moi, couché
Sur la terre durcie à mes ongles en sang,
Je n'ai pour y sculpter mon rêve frémissant
Et le rendre éternel en sa forme fragile
Qu'un peu d'argile,
Rien d'autre
Pour façonner mes médailles mélodieuses
Où je sais dans la glaise ocreuse
Faire, visage d'ombre ou profil de clarté,
Sourire la Douleur et pleurer la Beauté...

Mais dans mon âme au loin l'amour gronde ou roucoule
Comme la mer, là-bas, derrière les pins rouges.

L'EMPREINTE

Pour figurer la vie en médailles où dure
La face souriante et le profil hautain,
Si je n'ai pas choisi l'or, l'argent ou l'étain
C'est qu'un Dieu m'a prescrit ma tâche encor future.

L'argile, hélas! suffit à ce que la nature
A fait pour un bref soir ou pour un court matin,
Et sa matière est propre au portrait incertain
Où la ride à la glaise annonce la fissure.

Ainsi donc, à plat ventre étendu près des flots,
Puisqu'un Dieu sans pitié refuse à nos yeux clos
La gloire de survivre en l'airain martelé,

Je laisserai de moi sur cette grève amère
L'empreinte fugitive où se sera moulé
Mon visage plus vain que le sable éphémère.

ÉGLOGUE

Moi, Satyre du fleuve et Faune de la mer,
Homme et bête, le sort m'a fait un et divers
Et, dans l'ombre endormie ou dans l'aube éveillée,
J'écoute gronder l'onde et chanter la feuillée,
Et le vent, double aussi, m'apporte tour à tour
Le parfum de la lame ou l'odeur du labour
Selon qu'il vient du flot ou qu'il vient du sillon ;
Et perplexe à ma voix incertaine, selon
L'heure, mon double chant, pastoral ou marin,
Dans la limpide aurore ou dans le clair matin,
S'aiguise aux roseaux droits ou s'enfle aux conques torses;
Aux arbres, tour à tour, je marque sur l'écorce
Quand doit venir la crue ou monter la marée.
Sur l'autel de Neptune ou sur l'autel de Rhée
J'offris longtemps aux dieux, d'un culte impartial,
L'algue océanienne et le jonc fluvial,
Car je fus à la fois, par un double destin,
Satyre de la plage et Faune riverain.
Mais depuis quelque temps j'ai déserté la plaine,
L'étable, le verger, les jardins, la fontaine ;

Tu ne me verras plus regardant sous l'azur
Déferler l'herbe verte et houler les blés mûrs,
Non! Maintenant, couché sur la grève, au soleil,
Je sèche mon poil fauve à son sable vermeil,
Et pour s'être aux souffles du large échevelées,
Ma toison reste amère et ma barbe est salée
Que parfumaient jadis les fruits et les miels doux.
Mon sabot qui battait la motte et le caillou
Frappe le rocher dur et s'écorne au galet;
L'écume a meilleur goût, à mon gré, que le lait;
J'ai délaissé, vois-tu, les Nymphes des eaux douces
Qui lentement au fil des herbes et des mousses
Allongent aux ruisseaux où l'amour les surprend
Leurs fluides cheveux et leurs corps transparents.
Qu'un autre, s'il lui plaît, les guette et les épie!
Ils n'ont point, comme moi, sur la grève endormie,
Bras à bras, bouche à bouche, et poitrine à poitrine,
Etreint, nue au soleil, la Sirène marine.
Elle vient. La voici et déjà je l'entends
Qui chante. En te voyant elle fuirait. Va-t'en!
Cache-toi si tu veux derrière ce rocher;
Sa grotte d'ombre humide est propre à te cacher.
Tu nous verras de loin sans pouvoir être vu
Et peut-être de là, Passant, entendras-tu,
Parmi le rauque bruit de la mer amoureuse,
L'ongle du bouc grincer sur la croupe écailleuse!

PHILOCTÈTE

La Mer écume et gronde autour de l'âpre flot
Que tourmente le vent et harcèle le flot.
Je n'entends pas la mer, mais je sais qu'elle est là ;
C'est elle dont la force en sa rumeur roula
Sur cette aride plage et jusques à tes pieds
Les durs galets polis sur lesquels tu t'assieds,
Philoctète ! et voici l'arc courbe et le carquois
Et la flèche plantée au sable devant toi,
La même qui perça ta chair et dont encor
Ta douleur éternelle en le bronze se tord,
Tandis qu'à ton talon verdi de son venin
Suinte entre tes doigts ta blessure d'airain !

APPARITION

Le galop de la houle écume à l'horizon.
Regarde. La voici qui vient. Les vagues sont
Farouches et le vent dur qui les fouette rue
Leur troupe furieuse et leur foule bourrue.
Regarde. Celle-ci s'abat et vois cette autre
Derrière elle qui, fourbe et hargneuse et plus haute,
Lui passe sur la croupe et la franchit d'un bond
Et se brise à son tour tandis qu'un éperon,
Invisible aux deux flancs de celle qui la suit,
La dresse hennissante et l'effondre en un bruit
De vent qui s'époumonne et d'eau qui bave et fume.
O poitrails de tempête et crinières d'écume !
J'ai regardé longtemps debout au vent amer
Cette course sans fin des chevaux de la mer
Et j'attends que l'un d'eux hors de l'onde mouvante
Sorte et, soudain ouvrant ses ailes ruisselantes,
M'offre, pour que du poing je le saisisse aux crins,
L'écumeux cabrement du Pégase marin.

LE BUCHER D'HERCULE

Hercule pour mourir monte sur son bûcher.

La terre, — qui déjà ne l'entend plus marcher
Du pas victorieux qu'elle écoutait dans l'ombre
Se hâter vers l'aurore à travers la nuit sombre
Au heurt justicier de son talon errant —
S'étonne de le voir immobile et plus grand
Que lorsqu'il étouffait Antée au large buste,
Ou relayait Atlas d'une épaule robuste,
Vainqueur du mal terrestre et des Dieux souterrains ;
Et la peau de lion qui lui couvre les reins
Y colle sa toison, doublement empourprée
Par l'angoisse divine et la sueur sacrée.

Salut, Dompteur ! salut, suprême Bûcheron !

Les vieux arbres coupés entrecroisent leurs troncs ;
Le feu qui ronge un pin prend aux branches d'un chêne
Et l'un flambe déjà quand l'autre fume à peine,
Car l'un est vert encore et l'autre résineux ;
La brindille crépite et la souche aux durs nœuds
Suinte. Le bois chaud dilate et rompt l'écorce.
Et le brasier s'unit, s'assemble, et se renforce,
Se cherche, couve, ronfle et gronde et s'enfle avant
D'éclater, tout à coup, monstrueux et vivant
De la base au sommet de la montagne ardente
Qu'il assaille à la fois par sa quadruple pente,
Et de faire à jamais dans nos mémoires, — tel
Qu'il nous est apparu dans un soir immortel, —
De l'homme surhumain qui jadis fut Hercule,
Debout, un Dieu d'or rouge au fond du crépuscule !

Les pâtres, dans la nuit, qui gardent leurs troupeaux
De pacifiques bœufs et de calmes taureaux
Parmi les fleurs du val et les prés de la plaine
Silencieuse sous la paix herculéenne,
Ont regardé grandir vers l'azur étoilé
Cette haute rougeur qui, de l'Œta brûlé,
Fait jaillir jusqu'au ciel sa flamboyante gerbe,
Sans savoir que ce feu qui teint le roc et l'herbe
D'une clarté de gloire et d'un reflet de sang
Et monte à l'horizon en s'épanouissant

Comme une étrange, brusque et furieuse aurore,
Brûle, sur le bûcher dont elle semble éclore,
Le Héros aux bras durs dont les rudes travaux,
Douze fois achevés et douze fois nouveaux,
Par la force invincible et l'incessante épreuve,
Ont nettoyé l'étable en détournant le fleuve
Et rassuré la terre, heureuse enfin de voir
Vaincus, l'écume aux crocs et la bave au boutoir,
La bête d'Érymanthe et le chien de l'Érèbe.

O voyageurs, pleurez ; pleure, homme de la glèbe ;
Prends ta fronde, berger ; pâtre, saisis l'épieu !
Regrette le héros que ne vaut pas le Dieu ;
Verrouille le bercail et ferme l'écurie ;
L'époque monstrueuse et l'antique furie
Vont renaître et rôder autour de ton repos.
Car lorsque le brasier s'écroula sur les os
A peine consumés du divin Belluaire,
A travers la lueur fauve qui les éclaire,
J'ai vu les monstres noirs vaguement s'ébaucher,
Fantômes de la flamme et larves du bûcher
Qui, frappés du talon, du poing et de la flèche
Jadis, dans le marais, la caverne ou la crèche,
Entaille au ventre, plaie au flanc, blessure au cou,
Redressent leur colère ou dardent leur courroux
Ou, battant du sabot les brandons et la braise,

Semblent ruer de l'or au fond de la fournaise.

Et chacun y reprend sa forme.

         Deux tisons
Deviennent tout à coup ces deux Serpents qui sont
Ceux même dont l'enfant, de ses mains réveillées,
Étouffait au berceau les gorges écaillées.
Fuyez ! Voici le Chien funèbre au triple aboi
Dont l'infernal Dompteur a fait taire les voix ;
Et l'Hydre lernéenne aux cent têtes jumelles,
Venimeuse, arrogante et pestilentielle,
Qui, grasse de limon putride et lourde d'eau,
Traînait son ventre flasque et ses visqueux anneaux
Et qui, ivre de flamme et saoule d'incendie,
Tout à coup déroulée et brusquement grandie,
Faite de fange blême et de squames d'argent,
Obscène, fabuleux, innombrable et changeant,
Dresse son corps ardent, Monstre hécatoncéphale !
Les sinistres Oiseaux tués sur le Stymphale,
Horde criarde, aux becs rapacement ouverts
Pour ronger la charogne et déchirer les chairs,
Rouvrent au ciel brûlant leurs ailes de fumée.
Le Lion dont le souffle épouvanta Némée
Fronce son mufle roux et crispe son poil d'or.
Le Dragon fabuleux, du philtre qui l'endort

S'éveille. Les Chevaux carnassiers semblent mordre
Une proie invisible et par lambeaux la tordre ;
Et la flamme, auprès d'eux, pique de l'aiguillon
Les vaches de Cacus, les bœufs de Géryon ;
Et le Taureau crétois qui meugle et les bouscule
De sa corne tordue entre les mains d'Hercule,
Et stupide, étourdi, s'arrête, et frémissant
Hérisse avec fureur son cuir incandescent
Pour chasser, de l'échine aux naseaux qu'il harcèle,
Le vol vertigineux d'un essaim d'étincelles,
Et voici, des deux mains, pour en mieux arracher
La flèche qu'y fixa l'irrésistible Archer,
Nessus qui, cabré droit dans sa douleur hennie,
Presse son fourbe flanc d'où coule la sanie ;
Et, près de lui, la harde impétueuse dont
Les fleuves ont vu fuir, Pénée ou Thermodon,
Et la charge guerrière et le galop sonore,
Et qui, rude Amazone ou musculeux Centaure,
Croupe écumante, crins au vent, poitrail qui sue,
Cambrent leurs reins encor brisés par la massue.

Et tous, dans la rougeur qui décroît peu à peu,
Renaissent tour à tour de la cendre du Dieu.
Le bûcher qui s'éteint à jamais les libère !
Et l'horrible troupeau pour infester la terre,
De dents, de crocs, de dards et de griffes armé,

Rampe, saute, bondit hors du cercle enflammé
Et se hâte à son trou, son repaire ou son antre.
Ecoute ! les voici qui viennent. Berger, rentre.
Berger, n'entends-tu pas au fond de ce hallier
Dans 1 bauge grogner le rauque sanglier ?
Et vois ! toujours légère et toujours vagabonde,
La Biche aux cornes d'or que n'atteint pas la fronde
Qui, de ses quatre pieds qui brûlent le terrain,
Fait flamber l'herbe au feu de ses sabots d'airain !

HÉLÈNE DE SPARTE

LE BAIN

Le doux fleuve indolent creuse de son eau lasse
Cette anse solitaire où tu viens vers le soir
Regarder longuement dans cette onde qui passe
L'image de ta vie et de ton jeune espoir.

Ton enfance pieuse a paré ta jeunesse
De la fleur qui s'entr'ouvre aux doigts de ton destin ;
Et, que le jour s'achève ou que l'aurore naisse,
Ton heure te sourit, toujours à son matin ;

Et, divin et royal en sa noble stature,
Ton corps est beau deux fois de tes doubles aïeux ;
Car tu mêles en toi, comme les Dioscures,
Le sang clair des héros au sombre sang des dieux.

Tes pieds graves sont faits pour marcher dans la vie
Au son des flûtes d'or et des lyres d'argent,
Et pour fouler aux pas de leur plante polie
L'indestructible marbre et le sable changeant.

Et je te vois déjà comme si, dans un rêve,
Éblouie et fatale en ta haute beauté,
Riante, tu passais le seuil qui surélève
Le palais vaste encore et plus tard dévasté,

Mais l'heure triomphale, amoureuse et lointaine,
N'est pas encor venue au-devant de tes pas,
Et l'écho doux qui vibre au chaste nom d'Hélène
Le répète à mi-voix et le redit tout bas ;

Le bruit des boucliers et le fracas des armes
Sommeille en l'avenir peut-être au loin grondant ;
Et la rosée encor pleure les seules larmes
Dont se mouillent ta joue et tes lèvres d'enfant.

Le murmure de l'eau fidèlement furtive
Berce ta solitude et charme ton repos,
Et les cygnes amis de l'onde et de la rive
Troublent seuls le sommeil des nénufars égaux.

Les oiseaux familiers, lorsque tu les appelles,
Accourent à ta voix et viennent jusqu'au bord
Enlacer de leurs cols et frôler de leurs ailes
La grâce de ton geste et l'attrait de ton corps.

Ils semblent saluer en ta beauté divine
Le souvenir, déjà fabuleux et lointain,
De Celle qui pressa sur sa blanche poitrine
L'Un d'eux plus éclatant qui jadis fut divin.

C'est pourquoi, si tu viens vers la berge de l'anse,
Les blancs oiseaux sacrés s'empressent près de toi
Et la troupe orgueilleuse et flexible s'avance
En suivant le premier qui de loin t'aperçoit.

Regarde-le, fendant de sa gorge renflée
L'eau qu'il coupe, divise, et pousse devant lui ;
Regarde. Il vient vers toi avec sa proue ailée
Le vaisseau de demain, cygne encore aujourd'hui.

Prends garde : la mer vaste au bout du fleuve calme
Étend sa verte houle à ses quatre horizons
Et la galère bat de son quadruple scalme
Le flot perfide et vert de l'antique Hellespont.

Crains la mer ! Le soleil est tombé sur la plaine
Parmi le sang du jour et la cendre du soir ;
Crains les dieux ! car je vois, Hélène, Hélène, Hélène,
Ton destin flamboyer au couchant rouge et noir.

Un grand nuage au ciel ouvre ses ailes d'ombre
Comme un funeste cygne éployé lentement
Qui d'un vol fatidique, inexorable et sombre
Grandit, s'étire, monte et plane à l'Occident

Où semble, chaude encore en sa pourpre qui brûle,
Faite d'airain qui fume et de braise qui luit,
Rougeoyer et s'éteindre au fond du crépuscule
Une Ville de feu qui croule dans la nuit.

LE FUSEAU

Hélène, ta journée est belle; le matin
Fait pâlir lentement la lampe qui s'éteint
A ton chevet nocturne où le pavé sonore
Est froid sous tes pieds nus levés avec l'aurore;
Et le jour qui revient te rapporte avec lui
Des songes de nouveau pour ta nouvelle nuit;
Et ces roses d'hier à peine sont fanées
Que déjà d'autres fleurs à leur place sont nées.
Descends; la source abonde au bassin toujours clair;
L'ombre plus fraîche a fait le vieux laurier plus vert
Qui se penche sur l'eau somnolente et verdie;
Va, et donne l'obole au passant qui mendie;
Ta jeunesse charmante et qui rit en chemin
N'a pas encor besoin de garder en sa main
Ce qu'il faut pour payer la barque souterraine
Où le Passeur des Morts prendra l'Ombre d'Hélène.
Quel que soit le destin promis à ta beauté,

Vis. La fleur de ta chair embaume son été ;
La maison de Tyndare au soleil toute blanche
S'endort. La serpe craque à l'arbre qu'on ébranche
Là-bas ; ici l'on sarcle et plus loin quelqu'un bêche ;
La chanson d'une faulx siffle dans l'herbe fraîche ;
La vigne est lourde au cep et flexible au pilier.
Visite le lavoir, la grange, le cellier ;
L'odeur du vin embaume à travers l'outre grasse.
Rentre, au mur vois pendus le glaive et la cuirasse ;
Remplis d'huile la lampe et polis le miroir ;
Puis, tranquille et laborieuse jusqu'au soir,
Assieds-toi sur le seuil et, de tes mains habiles,
Enroule à ton fuseau la laine que tu files.
Quelle pourpre, marine ou vivante, la teint ?
Et toi qui vas mêler aux trames des destins,
A la cruelle Mort l'Amour inexorable,
Assise et souriant sur le seuil vénérable,
Sereine et comme sur le marbre d'un tombeau,
Tu regardes s'enfler à ton fatal fuseau,
Entre ses pointes d'or, fil à fil élargie,
La laine deux fois teinte où ta main s'est rougie.

L'ILE DE CRANAÉ

Ils se tenaient la main et regardaient la mer
Côte à côte, debout tous deux sur le ciel clair ;
Une même langueur les tournait sans rien dire
L'un vers l'autre, et parfois je voyais se sourire
Le profil de l'amante et celui de l'amant,
L'un charmant et viril, l'autre tendre et charmant.
J'étais pâtre, et, marchant pieds nus dans l'herbe rase,
Je me glissai près d'eux sans troubler leur extase.
Ils s'aimaient ; et moi, jeune et rustique berger
De l'Ile, je pensais que ce bel étranger
Silencieux au bord de la mer murmurante
Était l'Amour menant quelque Déesse errante,
Et j'adorai tout bas le beau couple divin.
L'ombre grandit du promontoire ; la nuit vint.
Et quand l'aurore au ciel eut fait pâlir l'étoile,
Je vis à l'horizon fuir une blanche voile...
Je n'ai plus retrouvé mon songe disparu,

Et, chaque soir, j'apporte à la place où j'ai cru
Voir les divins amants s'étreindre bouche à bouche
Quelques branches de myrte ou quelque lourde souche,
Et j'allume, en l'honneur de leur baiser sacré,
Un grand feu qui pétille et qui flambe empourpré,
Et qui monte, grandit et, radieux, éclate
En la haute fureur de sa flamme écarlate,
Et qui, splendide, et tel que leur tragique amour
Ne laisse chaque fois de lui-même et toujours
Qu'une cendre stérile, une vaine fumée...
Et maintenant, par toi, je sais, ô Renommée,
Que ce couple entrevu jadis sur le ciel clair,
Se tenant par la main et regardant la mer
Du haut du promontoire où la flamme rougeoie,
Fut Hélène de Sparte avec Pâris de Troie.

LE FOYER

Sur le seuil du palais assise de nouveau
Hélène a retrouvé le fil et le fuseau,
Et sa main calme achève au soir de sa journée
Le labeur de sa vie et de sa destinée.
La porte derrière elle ouverte laisse voir,
A l'âtre rallumé et qui longtemps fut noir,
Brûler le tronc de hêtre et la souche d'érable ;
Les viandes et les vins chargent la lourde table
Car l'automne est venu qui mûrit les vergers,
Et déjà l'outre est pleine et les ceps vendangés ;
Mais Hélène sourit et reste toujours belle.
Au retour, le foyer s'est ranimé pour elle ;
La demeure est heureuse et l'époux est content,
L'arbre incline les fruits que chaque branche tend,
Et le grenier regorge, et la grange est remplie ;
L'amphore, en la penchant, verse le vin sans lie.
O Reine, et songes-tu, du seuil de ta maison

Si tranquille devant le soir et l'horizon,
Qu'il est des seuils prochains où coule et fume encore
Le sang frais ; que des voix sournoises et sonores
Se querellent tout bas et s'insultent tout haut ;
Que la gorge d'un roi saigne sous le couteau ;
Que la haine a serré les poings et tord les bouches
Et dresse une autre reine en un geste farouche
Furieuse et debout encore en son forfait ;
Et qu'Argos se lamente, et s'irrite, et se tait,
Devant l'âtre fatal et cher à l'Erynnie
Où reparaît Oreste et manque Iphigénie ?

LA BARQUE

Le battant refermé de la porte d'airain
Fait vibrer au tombeau l'urne où reste ta cendre,
Hélène, et vers les bords du fleuve souterrain
Ton Ombre maintenant est libre et va descendre.

Comme autrefois, parmi les fleurs des jardins clairs,
Tu marchais en riant à l'aurore naissante
Silencieusement tu passes à travers
La nuit pâle qui mène à la sombre descente.

C'est le royaume obscur et le pays secret,
Et pourtant peu à peu ta mémoire étonnée
Y retrouve au réveil comme un terrestre attrait
Du sol héréditaire où ta vie était née.

Un somnolent silence environne les pas
De ton Ombre anxieuse et qui cherche sa route
Et, sans tenter l'écho qui ne répondrait pas,
Tu marches taciturne, et ta pensée écoute.

Tout est-il mort en toi des temps et des destins ?
N'entends-tu pas la mer et la rumeur des foules,
Ni gronder sourdement, au fond des jours lointains,
Le bruit prodigieux d'une ville qui croule ?

Regarde. Vois la rive. Il t'attend près du bord,
Assis, la tête basse, en sa barque d'ébène,
Celui de qui la rame aide à passer les morts...
Et les cygnes du Styx t'ont reconnue, Hélène !

Ils dressent leurs longs cols, anxieux de te voir,
Et s'approchent, battant l'eau sombre de leurs ailes,
Car l'onde est ténébreuse et les cygnes sont noirs
Et pour roses l'Erèbe a la triste asphodèle.

Entre donc. Le Passeur a saisi l'aviron
Et tend sa rude main au tribut funéraire ;
Offre la drachme due au passage. Caron
Pour fendre le flot noir est âpre au noir salaire.

Mais lui, dont les durs yeux n'ont jamais hésité
Te regarde au visage et refuse d'un signe.
Et le Passeur des Morts sourit à la Beauté,
Et la barque t'emporte, Hélène, sœur des cygnes !

Déjà décroît la rive et le fleuve muet
Que divise la proue et bat la rame double,
Roule son onde morne et son eau sans reflet
Comme un marbre fluide et comme un métal trouble ;

Et voici que déjà monte en face et grandit
Le ténébreux rivage et l'infernale côte,
Et l'aviron plus lourd crispe le bras roidi
Du Passeur plus courbé qui mène l'Ombre haute.

Elle, debout, contemple une dernière fois
Derrière elle les cygnes noirs qui l'ont suivie
Et salue à jamais en eux qu'elle revoit
Les oiseaux blancs jadis au fleuve de sa vie.

Hélène, mais la rive où le sombre Nocher
Te conduit n'est donc pas déserte et solitaire ?
Et la grève où la proue au sable va toucher
Est aux Ombres déjà dont la foule s'y serre.

Tout le peuple des morts se presse devant toi,
Impatient de voir celle qui vient de vivre
Et qui, fille d'un dieu, d'un pasteur ou d'un roi,
Paya la drachme d'or ou l'obole de cuivre,

Et d'entre cette foule obscure, peu à peu,
Voici surgir pour toi des Ombres reconnues,
Et l'airain bombe encor les torses musculeux,
Et des glaives, là-bas, luisent dans les mains nues.

Vois. Sous l'armure hellène et le casque troyen
Tous ceux que le dur fer a couchés sur la plaine,
Jadis, et dont plus d'un peut-être se souvient
Que son sang a rougi la sandale d'Hélène.

O terreur ! vois saigner et se rouvrir encor,
En leur plaie éternelle et que rien n'a fermée,
Le talon nu d'Achille et la gorge d'Hector.
C'est Hécube parmi la cendre et la fumée ;

Laocoon se dresse, arrachant de ses reins
Le serpent qui s'y noue et le mord à la cuisse ;
Andromaque sourit à son fils qu'elle étreint ;
Voici le vieux Priam et le subtil Ulysse ;

Et, déchirant la pourpre à ses ongles aigus,
Cassandre, qui, fiévreuse aux lambeaux de sa robe,
Rêve, farouche encor des mots qu'elle a prévus.
Diomède est debout auprès de Déiphobe.

Le cavalier Nestor qui vit en sa saison
Se heurter du poitrail Centaures et Lapithes
Et sur l'Argo jadis vogua vers la Toison
Branle sa tête chauve à présent décrépite.

La colère d'Ajax par son sang apaisé
Gronde encor en son geste et tord son poing robuste,
Et l'Amazone montre un sein cicatrisé
Et pose sur son arc la flèche qu'elle ajuste.

Et plus loin, derrière eux, l'innombrable troupeau
Des Ombres, pour mieux voir se bouscule et se rue,
Et s'augmente, et se hausse, et presse au bord de l'eau
Sa masse impatiente et sa poussée accrue;

Sur Celle qui descend à l'infernal séjour.
Vont-ils venger au fond de la nuit souterraine
Le cruel souvenir de leurs terrestres jours?
Leur attente sans voix halète sans haleine...

Non. Tous, debout, les bras tendus vers la Beauté,
Au lieu de la maudire, eux qui sont morts par elle,
D'une bouche muette où nul cri n'est resté
Acclament en silence Hélène toujours belle.

LA NUIT DES DIEUX

Homme ! Je t'ai suivi longtemps, tu ne m'as pas
Entendue, et l'écho qui seul double ton pas
A fait que tu croyais marcher seul dans l'aurore ;
Tu marcherais toujours sans m'avoir vue encore
Peut-être, et toujours seul et me cherchant en vain,
Peut-être, si, ce soir, debout sur ton chemin,
Familière à ton songe et nouvelle à ta vue,
Je n'étais, tout à coup et soudaine, apparue,
Opportune et mystérieuse devant toi
Sans surprise et qui me regardes sans effroi
Car le pieux espoir où se voua ta vie
T'a laissé sans autel, sans culte et sans patrie
Sur cette terre aride où tu cherches les Dieux.

Je t'ai suivi longtemps, invisible à tes yeux,
O passant, je t'ai vu, tout haletant de joie

Quand tu croyais saisir quelque divine proie
Persévérant chasseur sans flèches ni filets...
Je t'ai suivi dans la forêt où tu voulais
Surprendre le Sylvain ou saisir la Dryade
Alors qu'à la naissante aurore elle s'évade
De l'écorce rugueuse où s'écorche ta main.
En vain ta hache abat l'arbre ; il est vide. En vain
Tu t'es courbé longtemps au-dessus des fontaines
Pour entrevoir dans l'eau fugitivement vaine
La Nymphe qui l'habite et qui ne montre plus
Au ruisseau transparent son corps fluide et nu
Qui selon la courbe où l'étreinte de la rive
S'étirait en fuyant avec l'onde furtive.
O berger, c'est en vain que parmi les troupeaux,
Nourri de leur laitage et vêtu de leurs peaux,
Assis la flûte aux doigts près des ruches à cire,
Sous la lune, l'été, tu guettas le Satyre
Dont le sabot piétine et qui marche en dansant.
Vaine attente ! A genoux, je t'ai surpris souvent
Au crépuscule près de la source sacrée
Sur le sable cherchant la trace vénérée
De Pégase. La Mer à tes regards pieux
N'a pas fait de ses flots jaillir ses glauques Dieux.
Aucun, qu'il soit des prés, des antres ou des grèves,
N'a montré son visage au désir de tes rêves ;
Pas même ceux, jadis, qui, partout familiers,

A toute heure, des champs, des monts ou des halliers
Sortaient et se mêlaient aux hommes de la Terre.

Parcours la plaine en fleurs ; monte au pic solitaire,
Visite le vignoble ou scrute la forêt,
La lande, les jardins, le verger, le guéret,
Rien. Passe, ô voyageur, la porte de la Ville
Que le libre travail ou le labeur servile
Emplit de l'aube au soir de sa double rumeur :
On chante, on parle, on rit, on court, on vit, on meurt.
Le brasier luit, le bûcher flambe, le four fume ;
Le marteau furieux retombe sur l'enclume ;
L'un forge la cuirasse et l'autre bat la faulx ;
La fonte en un seul bronze unit divers métaux.
Pour l'arène où l'on saigne et la glèbe où l'on sue
Voici le glaive court et le soc de charrue ;
Voici l'ancre nautique et l'éperon marin.
Admire l'Aigle d'or et la Louve d'airain
Qui harcèle du bec et qui mord de la gueule
Les esclaves muets attelés à la meule
Car la Ville, en un jour, tous les jours, sans arrêt
Dévore une moisson et brûle une forêt
Et semble, au fond des soirs, une aurore allumée.
Mais il manque pourtant à toute la fumée
Rampante au-dessus d'elle et noircissant les cieux
Le petit grain d'encens qui monte vers les Dieux!

Et nul, sous le marteau dont la forge résonne,
Humblement, d'une main pieuse, ne façonne,
Dans l'argent malléable ou dans l'or souverain,
La face fabuleuse ou le profil divin.

Pourquoi n'as-tu donc pas, comme les autres hommes,
Oublieux, oublié les noms dont on nous nomme ?
Pourquoi nous cherches-tu toujours, cher obstiné,
Toujours, sur notre trace invisible, acharné ?
Ne saurais-tu sans nous trouver la terre belle
Et fertile ? L'est-elle moins sans que Cybèle
La parcoure, ô pieux Ami ? Toute la Mer
Ne chante-t-elle plus d'un flot toujours amer
Sa plainte langoureuse et sa sonore joie
Sans qu'à travers le vent qui l'apporte tu croies
Entendre en sa rumeur t'appeler à leurs bras
Les Sirènes ? Que veux-tu donc ? N'es-tu donc pas
Heureux que le troupeau tout entier t'appartienne
Sans avoir à livrer aux Déesses Gardiennes
Ta plus blanche génisse ou ton plus noir bélier ?
Est-ce trop pour toi seul des fruits de l'espalier,
Du champ et du jardin, de l'arbre et de la vigne
Sans qu'un devoir secret à l'offrande désigne
La grappe la plus lourde et le plus lourd épi ?
Ne sentirais-tu donc ni regret, ni dépit
A verser sur l'autel pour qu'un Dieu s'en honore

Le vin qu'à son crater épancha ton amphore ?

Va donc! Coupe ton orge et moissonne ton blé.
Qu'importe où s'est enfui le Céleste Exilé
Qui levait, en menant la vendange et l'orgie,
Sa corbeille pourprée et sa serpe rougie!
Sois homme. Mange, bois, pleure et ris, tour à tour.
Le désir est plus bref que tu ne crois. L'Amour
Dure à peine le temps d'effeuiller une rose.
Prends la fleur. Mords au fruit. Vis à même les choses
Sans plus t'inquiéter de ce qui fut divin.

Mais je sens, ô mon fils, que je te parle en vain.

Ecoute moi. Entends. Je suis l'une de celles
Que les hommes jadis nommèrent Immortelles.
Seule encore je vois la moitié des saisons
Et l'éternel soleil grandir à l'horizon.
Les autres, avec moi, aux Enfers descendues,
Ombres pâles, en ont oublié les issues,
Moi seule encor je sais par quel détour obscur
On monte à la clarté du jour et vers l'azur,
Car je suis à la fois terrestre et souterraine
Et mon Royaume est double où je suis deux fois Reine
Tu l'as voulu. Reçois sur tes lèvres le grain
Du fruit mystérieux que je porte à la main ;

Ferme tes yeux à la lumière dont encor
S'emplit leur rouge nuit du reflet d'un soir d'or.
Suis-moi qui t'ai suivi longtemps. Tais-toi. Prends garde.
Descends encor. C'est bien. Ouvre les yeux. Regarde !

Tu vois, là-bas, roulant la vase de ses eaux,
Le noir fleuve entourer de son fluide anneau,
A travers l'ombre trouble et la clarté nocturne,
Abrupte ou sablonneuse et partout taciturne,
L'Ile silencieuse où séjournent les Dieux.
Le Temps ne les a pas respectés. Ils sont vieux
Et leurs cheveux sont blancs et leurs barbes sont blanches.
Vois Bacchus corpulent qui saisit, lève et penche
L'amphore vide d'où ne coule plus nul vin,
Son thyrse est un cep mort sans pampre ni raisin
Et l'inquiet Hermès lui compare en pensée
Le bâton nu qui fut jadis le caducée
Où ne s'enroulent plus les mystiques serpents ;
Les Satyres lassés auprès des Aegypans
Dorment ou lourdement s'étirent et la corne
Pastorale est rompue au front osseux des Faunes.
Ne reconnais-tu point en ces spectres errants
Les fantômes des Dieux que le monde a crus grands,
Terribles, bienveillants, injurieux ou fourbes,
Durs à qui leur résiste et durs à qui se courbe,
Innombrables, vivants, suprêmes, immortels,

Vers qui fumait l'encens et ruisselait l'autel
Du sang quotidien de victimes sans nombre
Et qui ne sont plus rien maintenant que des Ombres ?

Ils rêvent, anxieux, espérant le soleil
Et que le songe ambroisien, noble et vermeil
Recommence et que l'exil cesse et que l'on sorte
De l'Ile souterraine autour de qui l'eau morte
Du noir Styx passe, court et s'écoule sans bruit,
Car leur foule nocturne est lasse de la nuit.
Mars, comme pour partir, rattache sa sandale
Et Vénus, belle encor, en cette onde infernale,
Trempe son pied, tandis que Neptune prudent
Semble sonder un gué du bout de son trident.

Contemple tous ceux-là de qui fut générique
La joie olympienne ou la force olympique,
Qui furent autrefois l'oracle et le destin,
La réponse de l'antre et le mot sybillin,
L'écho sacré, la flûte alternée et la lyre,
Les cymbales, le cri, la danse, le délire,
Le parfum de la rose et l'odeur du laurier,
L'ode religieuse et le refrain guerrier,
Le roulement des chars ou le choc des tonnerres,
Les murmures du ciel, les frissons de la terre,
La houle des moissons qui font le sol mouvant

Et la forêt mouvante au long souffle du vent
Et le chant de la mer et le chant des fontaines,
La rumeur qui bourdonne au creux des ruches pleines,
La source, le ruisseau, le fleuve ; eux qui mêlaient
En leurs coupes, le vin, l'eau, le sang et le lait,
Portaient le sceptre droit ou le thyrse flexible,
Lançaient la foudre au mont et la flèche à la cible
Et remplissaient la terre et le ciel tour à tour
De la confusion de leurs vastes amours,
Tous ces Dieux de la Vie et de la Violence
Leurs Ombres maintenant ne font que du silence.

Et tous, d'un long regard, suivent pensivement,
En son vertigineux et morne tournoiement,
Pégase qui, rué d'une course inutile,
Les crins au vent, galope en rond autour de l'Ile
Et qui parfois bondit et qui parfois s'abat
Et qui semble hennir et que l'on n'entend pas
Et qui s'arrête et qui repart et semble attendre,
D'un quadruple sabot creusant le sol de cendre,
Et brusquement, cabré, prodigieux et noir,
D'un élan furieux et d'un tragique espoir,
Ecarte d'un seul coup ses deux ailes ouvertes
Qui battent l'air trop lourd et retombent inertes
Et, rebelles encor, referment à son dos
L'effort désespéré d'un vol jamais éclos.

Et, maintenant, adieu, mon fils. Retourne. Oublie
A la lumière de l'amour et de la vie
Ce monde inférieur où tes yeux ont connu
Ce que les Dieux que tu cherchais sont devenus.
Va-t'en sans regarder derrière toi. Va vivre;
Car moi qui t'ai conduit je ne peux plus te suivre
Là-haut. Ici mon heure infernale est sonnée
Et j'ai vécu la part de ma terrestre année;
Je redeviens une Ombre et je rentre parmi
Cette foule, Étrangère et Captive à demi,
Car le printemps m'appelle à la terre et l'automne
Du Tartare profond ramène Perséphone;
Mais toi que rien n'arrête en la funeste nuit
Va-t'en. Tu reverras l'aurore d'aujourd'hui
Et, du seuil retrouvé de la clarté vivante,
Tes yeux se rouvriront de leur sombre épouvante
Loin de l'Ile cruelle et des farouches lieux
Où rôdent à jamais les fantômes des Dieux.

Pars; mais en repassant la pierre de ta porte
Secoue avant d'entrer le sable que rapporte
A sa semelle humide encor du noir chemin
Ta sandale trempée au fleuve souterrain.

L'ARBRE DE LA ROUTE

LA HALTE

Viens. L'Arbre du repos est au bord de la route ;
Son tronc tremble de lierre et son ombrage est frais,
Et le frisson d'une eau dont la source est auprès
Au tremblement léger des ramures s'ajoute.

Restons là. Que la nue aux feuilles, goutte à goutte,
Pleuve ou que le soleil les perce de ses rais,
Nous verrons, du pré vert ou du jaune marais,
Venir le char qui grince et la chèvre qui broute.

Devant nous, les Travaux et le Temps et l'Amour
Vont passer. Vois! pieds nus, sandale ou sabot lourd,
La faucille, la fourche ou la faulx à l'épaule ;

Ils portent la corbeille ou l'amphore ou le van ;
Et nous entendrons fuir sur l'herbe qui les frôle
Le doux pas de la pluie et les ailes du vent.

LES FEUILLES

L'ombre qui se retire ou s'allonge, selon
L'heure du jour qui croît ou du jour qui décline,
Marque le cours du temps et la saison divine
Où l'aube est toujours claire et le soir toujours long.

Jusques en l'herbe grasse où luit nu ton talon
E nu le double fruit que ta gorge dessine,
Aucune branche lourde à ta bouche n'incline
Son fruit de pourpre douce et son fruit d'ambre blond.

Car l'arbre haut, nourri des racines au faîte
Par la terre féconde où rôde l'eau secrète,
Pousse en stérile jet son tronc âpre et vivant;

Mais dans le tremblement des feuilles incertaines,
Entends sourdre, courir et ruisseler au vent
Le bruit aérien des sources souterraines.

LE LIVRE

Prends le livre. Assieds-toi dans l'herbe où ton fuseau
Également chargé de laine blanche et noire
Enroule à son ébène et lie à son ivoire
Son double fil oisif que ne rompt nul ciseau.

L'herbe frôle en tremblant tes mains ; le ciel est beau
Et la verte prairie autour de toi se moire.
Vois, regarde passer aux marges du grimoire
Ou l'ombre d'une feuille ou l'aile d'un oiseau.

D'un vent tendre et léger aux heures de la Vie
Le Printemps tournera la page qu'il oublie ;
Voici l'Été. Souris. Écoute. Lis encor...

Le doux soleil tiédit le livre qu'il caresse
Pour que l'année heureuse, à l'automne, te laisse
Le fermer au signet de quelque feuille d'or.

L'AMOUR

J'ai vu, ce soir, l'Amour. Et le fouet à la main,
Debout, il châtiait, farouche et flagellé,
Pris au mors, le cheval pour les Muses ailé
Qui frappait l'herbe en fleurs de son sabot divin.

Le monstre hennissait et se cabrait en vain,
Tout rose d'une écume où du sang fut mêlé;
Et la nuit était bleue et le ciel étoilé.
Et l'Amour torturait la bête au noble crin.

Je lui criai : Va-t'en, Pégase! prends ton vol,
Bondis et rue et romps l'entrave et le licol;
L'Enfant ne suivra pas ton essor. Monte et fuis!

Mais l'Amour, souriant toujours, de ses mains fraîches,
Me montra, qui saignaient encore de ses flèches,
Les doubles ailes d'ombre ouvertes dans la Nuit.

LES ENNEMIS

J'ai vu l'Amour, un soir, combattre un autre Amour.
L'un riant de courber son frère terrassé.
Et l'autre, au souple bras qui le tient enlacé,
Mordant la chair parente où frappe son poing lourd.

Combat silencieux de la Nuit et du Jour
Qui heurte le dieu nu contre un dieu cuirassé.
Et le muscle meurtri pressant l'airain faussé
Et chacun d'eux vainqueur et vaincu tour à tour.

La lutte consanguine, amoureuse et farouche,
De sa quadruple étreinte et de sa double bouche,
Lie en un corps jumeau l'âpre couple guerrier,

Jusqu'à l'heure où le vent de l'aube matinale
Sèche aux membres rompus du groupe meurtrier
La sueur fraternelle et la pourpre rivale.

L'ILLUSION

Tu vois passer celui qui marche vers la Mer ;
Le caillou de la route et la ronce des sentes
Offensent ses pieds nus faits pour fouler la pente
Des grèves où vers l'eau descend le sable amer.

La houle des blés lourds s'écroule, et le pré vert
Ondule d'herbe éparse où le sillon s'argente,
Et le vent, à travers les cimes bruissantes,
Murmure une marée en leur feuillage clair.

L'horizon fait au loin déferler ses collines
A tes yeux éblouis d'illusions marines,
Flux et reflux d'un songe éternel et fuyant ;

Et pour battre le flot futur autour de l'île,
Terrestre voyageur et toujours souriant,
Tu portes sur l'épaule une rame inutile.

LA BÊTE

Et cet Autre a passé, suant, sous le soleil,
Lié par ses deux poings que la corde excorie,
A conduire l'opprobre et l'obscène furie
D'un bouc farouche et roux, à quelque Dieu pareil.

Haletant et tendu de la nuque à l'orteil,
Jarret nerveux et sang aux mains et peau meurtrie,
Il mate un instant, rompt, entrave et contrarie
L'âpre effort de la bête horrible au poil vermeil.

Le brusque bouc debout, droit, sur ses sabots d'or,
Se cabre contre lui, lutte et l'entraîne encor ;
Et l'Arbre est dépassé de la route éternelle.

Et le pasteur vaincu suit l'ouaille revêche,
Sachant qu'il ne pourra jamais à cause d'elle
Goûter l'ombrage frais et boire l'ombre fraîche.

LE PHILTRE

D'une pointe de flèche où le sang goutte encor
L'Amour a, par deux fois, sur ton écorce lisse
Gravé son nom cruel et doux, affre et délice,
Que le fer tour à tour meurtrit, caresse et mord.

La sève au sang divin mêle ses larmes d'or ;
Et le philtre amoureux en tes fibres se glisse,
Et, pour que la ramure au ciel s'épanouisse,
Le tronc plus douloureux se contracte et se tord.

Et depuis, à ton ombre assis, j'entends qui chante
Ta cime harmonieuse et toujours frémissante
Avec tous les oiseaux de l'aurore et du soir ;

Et, tordue à mes pieds où leur nœud s'entrecroise,
Je vois sourdre et ramper au sol vorace et noir,
En serpents souterrains, la racine sournoise.

LE RETOUR

Le vent à pas légers et la pluie à pas lourds
Nous précèdent déjà sur la route où frissonne
Ma tristesse à qui l'heure et le soir et l'automne
Disent le temps qui passe et la fuite des jours.

Ton visage pourtant, ô Toi, sourit toujours
Et ta bouche indulgente et divine pardonne
A l'instant envolé qui fuit et t'abandonne;
Et la route reprise est douce à tes retours.

Le Souvenir, là-bas, ouvre son porche où tremble
Le lierre fraternel qui nous accueille ensemble
Enguirlandant le seuil et la porte en ruine;

Et l'âtre noir verra aux cendres ranimées,
Comme en mon sombre amour que ta grâce illumine,
Rire la flamme claire à travers les fumées.

LE REGRET

Le feuillage jauni tremble aux branches lassées
Et la maison là-bas nous appelle au heurtoir,
Et côte à côte ainsi nous irons vers le soir
Où marchent devant nous nos heures enlacées.

Au reflet du cristal comme aux sources glacées,
Que le temps douloureux ou doux me fasse voir
Son rire à la fontaine ou sa ride au miroir,
Ton souvenir se mire à toutes mes pensées.

L'automne les disperse aux routes de la vie ;
L'écorce se desquame et l'arbre s'exfolie
Et la ramure oscille au souffle qui l'émeut ;

Et ses feuilles, au vent qui les parsème inertes,
Emportent, çà et là, chacune comme un peu
Du murmure amoindri de la cime déserte.

LA HACHE

Ecoute. Le vent froid aux cailloux de la route
Aiguise lentement, invisible ouvrier,
Les serpes et les faulx de ses bises d'acier ;
Le pas du Temps résonne au carrefour. Ecoute.

Ecoute. Au loin déjà les fleurs s'effeuillent ; toute
La prairie alentour frissonne, et tout entier
Le grand arbre frémit au souffle meurtrier ;
Et sa Dryade en lui va saigner goutte à goutte.

Les bûcherons, liant le fagot et l'écorce,
Vont dépecer, hélas ! ta stature et ta force ;
Ton ombre a marqué l'heure à ta chute ; mais sache,

Au soir de quelque Automne orgueilleux de ta mort,
Parmi l'effondrement de ta ramure d'or,
Tomber au moins hautain et grave, sous la hache.

A TRAVERS L'AN

LE DERNIER SOIR

La haute lampe
Brûle sur la table en silence,
Droite parmi les livres lus
Où ma tête s'est inclinée ;
Je n'entends plus,
Mélancolique et vigilante,
Passer et rôder par la chambre
La vieille Année.

Elle s'est faite humble, patiente et grave
En sa grise robe d'hiver,
Pour s'asseoir près de l'âtre clair
Où se chauffent ses mains baissées ;
Elle s'est faite douce et grave
Avec des pas légers qui semblent
Marcher à travers mes pensées
Sur de la cendre.

Les corbeilles d'été et les paniers d'automne
Sont là, pendus au mur, et parfois
L'osier craque, le vent frissonne
Aux roseaux du vase où se sèchent
Leurs tiges et leurs feuilles, et parfois
Je tressaille et j'écoute
Et je la vois,
Immobile en sa robe grise
Sans que jamais murmure sa bouche
Plus rien des chansons désapprises
Qu'elle chantait dans l'été riant
En tressant brin à brin,
Avec ses mains,
L'osier souple et le jonc pliant
Et le saule qui se redresse
Et cingle et qu'on tourne en corbeilles.

Seul son rouet ronfle et bourdonne
Avec un bruit lointain d'abeilles
Qui s'enfle, s'approche et recule.
Et monotone
Semble filer du crépuscule.

L'horloge haute
En sa maison d'écaille et de buis
Ajoute une heure à l'heure qui fuit

Et le temps va de l'une à l'autre
Jusqu'à minuit.

Alors la silencieuse Année, assise
A l'âtre en sa robe rose et grise
Se lève et rallume le feu qui s'éteint ;
Une grande flamme d'espoir
Monte et rougit le pavé noir
Et réchauffe ses mains glacées,
Et je crois voir,
Au seuil déjà du temps qui vient,
Son visage nouveau sourire à mes pensées.

LA VOIX

La fontaine murmure à la source un secret
Qui, goutte à goutte, s'interrompt, filtre ou s'arrête
Et qui se continue en la rumeur secrète
Dont vibrent sourdement la mer et la forêt.

Tour à tour hésitant, humble, bas ou discret,
Commence, se rétracte et se cherche et s'apprête
Le même mot épars qu'attend, espère et guette
Le passant qui partout le devine et se tait.

L'éclair l'écrit au ciel et le biffe ; la pluie
S'embrouille, se reprend, bégaie et balbutie ;
La fissure ricane et l'antre ouvre la gueule ;

Tout parle ; et dans le vent anxieux et farouche
J'écoute pour jamais errer, multiple et seule,
L'universelle voix de l'invisible bouche.

VŒU

Je voudrais pour tes yeux la plaine
Et une forêt verte et rousse,
Lointaine
Et douce
A l'horizon sous un ciel clair,
Ou des collines
Aux belles lignes
Flexibles et lentes et vaporeuses
Et qui sembleraient fondre en la douceur de l'air,
Ou des collines,
Ou la forêt.....

Je voudrais
Que tu entendes,
Forte, vaste, profonde et tendre,
La grande voix sourde de la mer
Qui se lamente,

Comme l'Amour ;
Et, par instant, tout près de toi,
Dans l'intervalle,
Que tu entendes,
Tout près de toi,
Une colombe
Dans le silence,
Et faible et douce
Comme l'Amour,
Un peu dans l'ombre,
Que tu entendes
Sourdre une source...

Je voudrais des fleurs pour tes mains,
Et pour tes pas
Un petit sentier d'herbe et de sable
Qui monte un peu et qui descende
Et tourne et semble
S'en aller au fond du silence,
Un tout petit sentier de sable
Où marqueraient un peu tes pas,
Nos pas,
Ensemble !

ÉLÉGIE

Un grand silence clair de regret et d'attente
Emplit le beau jardin qui songe et se souvient
Et ma pensée y marche, anxieuse ou riante,
Sur l'invisible pas qui précède le sien.

Quelqu'un a foulé l'herbe auprès du bassin vide
Et posé son talon au marbre descellé,
Tandis que tremble encor, flexiblement rigide,
La feuille d'un roseau qu'une fuite a frôlé.

Une main curieuse a soulevé la dalle
Qui, du poids de sa pierre où luit l'anneau d'airain,
Cache l'onde secrète à qui va la spirale
D'un escalier furtif, sonore et souterrain.

Un invisible pas, de parterre en parterre,
A parcouru les fleurs, la grotte et le bosquet,
Hôte mystérieux, visiteur solitaire,
Taciturne passant parmi l'écho muet !

C'est lui qui, sur le seuil de la maison fleurie,
A cueilli cette rose aux pétales de feu
Dont la pourpre sanguine, amoureuse et meurtrie,
Garde la marque encor de la lèvre d'un dieu.

Il n'a pas refermé la porte encore ouverte
Par où l'odeur du soir est entrée avec lui
Et rôde longuement en sa langueur inerte
Qui s'attarde à le suivre et qui partout le suit.

Je l'ai suivi, le cœur battant dans ma poitrine,
A son souffle inégal de palier en palier,
Et je l'entends marcher dans la chambre voisine,
Fantôme insaisissable et partout familier.

Voici le lit, la lampe et le masque de cire
Que le miroir regarde et qui seul lui répond !
Et quelle main, hardie au sommeil qui l'attire,
A répandu ton huile, ô Lampe, et sur quel front ?

Solitude, silence et, dans notre mémoire,
Equivoque rumeur qui monte d'autrefois,
Et la grande aile d'or qui passe sur l'eau noire
Où notre face en pleurs se penche et se revoit.

Je ne sais, mais je sens, Maison mystérieuse,
Pour l'invisible pas qui visita ton seuil,
S'exhaler sourdement, de ta pierre pieuse,
Comme un amer parfum de regret et d'orgueil.

Ton jardin est plus beau, tes roses sont plus belles.
Ta fontaine secrète et tes bassins verdis
Délaissés maintenant de leurs eaux infidèles,
Savent le nom sacré que tout bas tu redis.

Et je te reconnais, charme ineffable et sombre,
Délice, cher parfum, présence qui toujours
Revis dans le regard et survis dans les ombres
Des êtres et des lieux qu'a visités l'amour !

LE JARDIN MOUILLÉ

La croisée est ouverte; il pleut
Comme minutieusement,
A petit bruit et peu à peu,
Sur le jardin frais et dormant,

Feuille à feuille, la pluie éveille
L'arbre poudreux qu'elle verdit;
Au mur, on dirait que la treille
S'étire d'un geste engourdi.

L'herbe frémit, le gravier tiède
Crépite et l'on croirait là-bas
Entendre sur le sable et l'herbe
Comme d'imperceptibles pas.

Le jardin chuchote et tressaille,
Furtif et confidentiel ;
L'averse semble maille à maille
Tisser la terre avec le ciel.

Il pleut, et, les yeux clos, j'écoute,
De toute sa pluie à la fois,
Le jardin mouillé qui s'égoutte
Dans l'ombre que j'ai faite en moi.

LA PROMENEUSE

L'allée en doux circuits contourne pour tes pas
Le gazon vert où dort le bassin léthargique,
Et le soir fait grandir d'une ombre symétrique
Les ifs et les cyprès qui ne s'effeuillent pas.

L'avare buis, toujours méticuleux et ras,
Aux parterres égaux que sa bordure étrique,
Est propre à te conduire au rêve méthodique
Que tu suis en marchant et qui te parle bas.

Mais une âme perplexe, indécise et légère,
Sur ta bouche s'attriste ou sourit passagère,
Selon l'odeur du vent ou le parfum du soir.

Et je n'ai pu régler l'inégale fontaine
Dont le double soupir suffit pour t'émouvoir,
Inquiète souvent et toujours incertaine.

ODELETTE

Si j'avais mieux connu mon amour, si j'avais mieux
Connu ma vie,
Si j'avais mieux
Su mes pensées,
Je n'aurais pas lié ma vie
A tes pensées
Et à tes jours,
Je n'aurais pas mêlé ta vie
A mon amour !

Offre-t-on à qui l'on aime
La fleur épineuse où les doigts saignent ?
Mène-t-on boire à la fontaine
Qu'on sait amère ?
Donne-t-on à filer aux belles mains
Faites pour tisser de la joie

Le chanvre dur et la grasse laine
Des filandières?...

Te voici debout dans ma vie
Au carrefour de mes chemins ;
La source est à tes pieds ; la rose ploie
Sa tige dangereuse. Tu l'as cueillie ;
Et la quenouille des destins
Est-elle si peu lourde de fils incertains
Que tu souries
D'être seule dans mon amour
Et de l'avoir pris par la main ?

FIN DE JOURNÉE

Un même songe a fait de marbre vos paupières,
Dieu qui verdit auprès de toi, Déesse blanche !
Et toujours ce murmure où la vasque s'épanche
Et cette allée oblique et ces eaux régulières...

L'ombre, [à chaque printemps, des feuilles familières
Touche l'épaule lisse et remue à la hanche,
Et votre ennui captif sur le socle se penche
Pour y voir vos pieds nus pris aux cordes des lierres ;

Et toi, lasse comme eux, mais que ton ombre suit,
Tu viens, du noir portail où s'arque un double buis,
Regarder l'horizon de la campagne verte ;

Et, debout sous l'arcade amèrement rigide,
Tu laisses à ta peau, par ta robe entr'ouverte,
Fraîchir le souple vent qu'embaume l'herbe humide.

STANCES

L'hirondelle légère et la rose qui penche
Ont frôlé tes cheveux et caressé ta main,
Et ta vie est venue à la colline blanche
Parce que tu suivais les routes du matin.

Entre ; l'âtre t'accueille et la porte est ouverte ;
La fraîcheur de la paix émane des murs blancs,
Et la vigne qui monte au toit est encor verte.
Entre ; la maison douce est parée et t'attend ;

Mais la douce maison qui regarde l'aurore
S'ouvre aussi sur le soir, sur l'ombre et sur la nuit ;
La fleur se fanera que l'aube vit éclore ;
Le pampre rougira, vert encore aujourd'hui.

Et tu verras saigner les feuilles et les roses ;
L'aurore d'où tu viens mène au soir où tu vas,
Reste à l'âtre fidèle où la paix est éclose,
Ferme la porte lourde et ne la rouvre pas.

Car si tu redescends de la colline claire
Où t'a mené ta vie en chantant au matin,
Tu trouveras bientôt, sournoise entre deux pierres,
La ronce qui se crispe et te mordra la main.

Et dans l'ombre mauvaise où rôdent les vents louches
Qui soufflent à la face et hurlent au talon,
Tu sentiras, avec leurs bouches à ta bouche,
L'aile d'un oiseau noir en griffes sur ton front.

ODELETTE

J'aurais pu dire mon Amour
Tout haut
Dans le grand jour
Ardent et chaud
Du bel été d'or roux qui l'exalte et l'enivre
Et le dresse debout avec un rire
A tout écho !

J'aurais pu dire :
Mon Amour est heureux, voyez
Son manteau de pourpre qui traîne
Jusqu'à ses pieds !
Ses mains sont pleines
De roses qu'il effeuille et qui parfument l'air ;
Le ciel est clair
Sur sa maison de marbre tiède

Et blanc et veiné comme une chair
Douce aux lèvres...

Mais non,
Je l'ai vêtu de bure et de laine;
Son manteau traîne
Sur ses talons;
Il passe en souriant à peine
Et quand il chante, c'est si bas
Que l'on ne se retourne pas
Pour cueillir sa chanson éclose
Dans le soir qu'elle a parfumé;
Il n'a ni jardin, ni maison,
Et il fait semblant d'être pauvre
Pour mieux cacher qu'il est aimé.

CONTRASTE

La chair tiède où le sang gonfle, anime et nourrit
Ta peau voluptueuse et souple qu'il colore
D'une rougeur de pêche et d'un reflet d'aurore,
T'a faite, en ton corps, femme et femme par l'esprit.

Ton oreille est docile et ta bouche sourit
A toute la nature odorante et sonore,
Et ta jeune beauté semble toujours éclore,
Sensible à ce qui naît, chante, embaume et fleurit ;

Mais Elle, taciturne à jamais, la Statue
Qui, immobile au bronze, attentive, s'est tue,
Semble écouter en elle et méditer tout bas,

Dans le métal durci qui moule sa stature
Et la dresse debout et se croisant les bras,
Le secret anxieux de la matière obscure.

MADRIGAL LYRIQUE

Vous êtes grande de tout un corps charmant
Dont l'ombre est à vos pieds, parmi les roses
Qu'effeuillent vos mains en rêvant ;
La douce fleur, pétale à pétale, se pose
En papillons légers et lents ;
La tige, peu à peu, s'envole de sa rose,
Et la flûte à l'écho s'accorde dans le vent.

Vous êtes belle de tout un visage qui sourit,
De vos yeux clairs qui vous font douce
A votre bouche
Où le sourire en sa grâce s'endolorit
Comme l'espoir
Qui, lèvre à lèvre, joint et touche
Les lèvres de la tristesse qui lui sourit
En son miroir...

La flûte avec le vent s'est tue au fond du soir.

Vous êtes belle de toute votre vie et de vos jours
Qui, un à un, vers vous s'en viennent
Menant l'Amour
Nu dans sa robe d'or et de laine
Avec sa gourde et son diadème;
A vos roses il mêlera ses épis lourds
Et, pas à pas, la main dans la sienne,
Vous irez vers l'aurore et, dans la nuit sereine
Où s'est brisée avec le vent ma flûte vaine,
Vous entendrez,
Une à une, sous les roses et les cyprès,
Chanter dans l'ombre les fontaines.

STROPHES ALTERNÉES

Je n'ai qu'un tout petit jardin
Entre quatre murs où le lierre
Qui les disjoint et les soutient
Rampe et monte en griffant la pierre.

Les parterres y sont étroits
Du buis en bordure aux allées
Qui se coupent et font la croix,
Toutes droites et bien sablées.

Quand on y marche, de grands houx
Vous égratignent au passage
Délicatement la main ou
Luisent durement au visage.

Un dur silence noir et vert
Emplit ce jardin sans fontaine
D'une sobre beauté d'hiver,
Inflexible, grave et certaine.

Pas de bassin qui mire en l'eau
Un peu de ciel et où l'on suive
Le vol inverse d'un oiseau
Par son ombre ailée et furtive.

Et pas d'abeilles en été
Dans ce jardin mélancolique
Qui vienne goûter l'âpreté
De ce feuillage métallique ;

Tu ne respireras en lui
Rien qu'une odeur amère et forte
De cyprès, de myrte et de buis
Sans fleur née et sans feuille morte.

Je n'ai derrière ma maison
Qu'un petit coin de terre jaune
Ou verte selon la saison
Et diversement monotone.

Un seul arbre y pousse et déjà
Son étroite fraîcheur est grande.
Juste assez pour que, passant là,
Je puisse à son ombre m'étendre.

Et son feuillage est si léger
Qu'au moindre souffle dont il tremble
J'entends frémir et voltiger
L'essaim de ses feuilles ensemble.

Qu'un seul oiseau y chante et tout
L'arbre harmonieux s'en égaie,
Et, lorsque je me tiens debout,
Je puis voir par-dessus la haie.

Et l'horizon est tout autour...
Mais mon cœur ici se repose
Dans le parfum d'un même amour
Et l'amour d'une seule rose.

VOYAGES

★

Pars, mon fils; tu verras, comme j'ai pu les voir,
Les trois Villes encor dont ma pensée est pleine
La Cité florentine et la Cité romaine
Et Venise endormie en or au fond du soir.

Au portique détruit cherche un fût pour t'asseoir;
Ecoute parler l'homme et chanter la fontaine,
Mais consulte plutôt le marbre que l'eau vaine,
Les pierres sur les cœurs ont un noble pouvoir.

Puis, si tu veux que ma jeunesse à mes vieux jours
Sourie, apporte-moi de là-bas, au retour,
Pour qu'au triple métal tremble encore ma main

Et pour que mon passé dans le leur se retrouve,
Frappés dans l'argent clair, dans l'or et dans l'airain,
Le Lion bisailé, le Lys rouge et la Louve.

★

J'ai, comme toi jadis, dans le ciel florentin
Entendu retentir la cloche claire et forte,
Et sur les amples eaux de la lagune morte,
Vu Venise sourire au soleil qui s'éteint.

Une sourde rumeur gronde au vieux sol latin
Où la dalle encor sonne au pas de la cohorte,
Et dans son souvenir qui vers toi les rapporte
Fiésole debout fait face à l'Aventin.

Les trois Villes ainsi chantent dans ma mémoire
L'hymne de leur beauté et le bruit de leur gloire,
Et mon cœur à leur nom vibre d'un triple écho !

Le Lys rouge est plus fort que l'herbe et que la ronce
Et je sais ce que dit de la Louve de bronze
Le Lion de Saint-Marc au Lion Marzocco.

ADIEUX

Il est de doux adieux au seuil des portes,
Lèvres à lèvres pour une heure
Ou pour un jour ;
Le vent emporte
Le bruit des pas qui s'éloignent de la demeure,
Le vent rapporte
Le bruit des pas du bon retour ;
Les voici qui montent les marches
De l'escalier de pierre blanche ;
Les voici qui s'approchent. Tu marches
Le long du corridor où frôle
Au mur de chaux le coude de ta manche
Ou ton épaule ;
Et tu t'arrêtes, je te sens
Derrière la porte fermée ;
Ton cœur bat vite et tu respires
Et je t'entends,

Et j'ouvre vite à ton sourire
La porte prompte, ô bien-aimée !

Il est de longs adieux au bord des mers
Par de lourds soirs où l'on étouffe ;
Les phares tournent déjà dans le crépuscule ;
Les feux sont clairs.
On souffre...
La vague vient, déferle, écume et se recule
Et bat la coque de bois et de fer ;
Et les mains sont lentes dans l'ombre
A se quitter et se reprennent.
Le reflet rouge des lanternes
Farde un présage en sang aux faces incertaines
De ceux qui se disent adieu aux quais des mers
Comme à la croix de carrefours,
Comme au tournant des routes qui fuient
Sous le soleil ou sous la pluie,
Comme à l'angle des murs où l'on s'appuie,
Ivre de tristesse ou d'amour,
En regardant ses mains pour longtemps désunies
Ou pour toujours...

Il est d'autres adieux encor
Que l'on échange à voix plus basse
Où, face à face,

Anxieusement, Vie et Mort,
Vous vous baisez, debout dans l'ombre, bouche à bouche,
Comme pour mieux sceller encor
Dans le temps et l'éternité
Lèvre à lèvre et de souffle à souffle
Votre double fraternité.

L'ÉCHANGE

J'ai senti vivre en moi la terre maternelle
Et naître son printemps et croître son été,
Et mon automne à moi et son automne à elle
L'une à l'autre s'unir en leur maturité.

Son sang mystérieux à ma sève se mêle
Et c'est un même fruit que nos ceps ont porté ;
Sa grappe chaque année à ma grappe est jumelle
Et je me sens fécond de sa fécondité.

Son pampre, ses épis, son lierre et ses roses
Couronnent ma Pensée et son air pur m'apporte
L'odeur de ses moissons et de ses fleurs écloses.

O Terre, tes parfums vibrent dans ma voix forte,
Mais mon souffle à son tour module en tes roseaux
Les frissons de ta brise et le bruit de tes eaux.

RÉVEIL

Si le pavage est rouge et si le mur est blanc,
Si les rideaux du lit sont peints de fleurs naïves
Et si la vaste chambre où, le soir, tu arrives
Te donne un bon sommeil qu'achève un réveil lent,

Sois heureux. L'aube est claire. Une treille suspend
Le long de la croisée une grappe massive
Dont se gonfle par grains la pourpre qui s'avive
Sur le carreau veiné par un pampre rampant.

Lève-toi, les pieds nus, pour ouvrir la fenêtre;
L'odeur du foin qu'on coupe et du trèfle pénètre
Avec l'aurore gaie et le vent du matin;

Écoute; un arrosoir, là-bas, heurte une bêche,
Et plus loin, par delà la haie et le jardin,
Le doux bruit d'une faulx siffle dans l'herbe fraîche.

LA HACHE ET LE FILET

Abats les chênes
De ta haute hache d'acier bleu
Qui luit et frappe et coupe et peine,
Et peu à peu
Ébranle l'arbre qui tremble et penche,
Et tombe avec toutes ses branches
Avec ses lierres et ses guis...
Et puis,
Dompte la mer
Et guide la proue et vogue et vire
Parmi l'écume et le flot vert
Et tire
Le lourd filet dont un poids clair
D'argent vif et d'or et d'écailles
Gonfle les mailles...

Vous êtes
Hauts de stature et forts de bras,
Toi, pêcheur, et toi, bûcheron,
Et si bien même
Les guis coupés étaient des têtes,
Et tes poissons
Pèseraient-ils leur poids d'or vrai,
Vous n'auriez pas contre mon gré,
Vous n'auriez pas,
Par la cognée ou par la rame,
Sans mon amour,
Une seule heure de mes jours
Un seul cheveu de mes cheveux,
Et c'est bien peu
Tout votre vain orgueil d'hommes qui ne peut
Qu'à sa guise lui rie une bouche de femme.

CRÉPUSCULE D'AUTOMNE

Pâles et par la main et comme deux amies
La Tristesse et la Paix vous conduisent vers l'ombre
Où dans le vieux jardin mélancolique et sombre,
S'effeuillent doucement des roses endormies.

La face du silence aux fontaines bleuies
Se regarde mourir au fond de l'eau qui tombe
Goutte à goutte, éveillant le repos des colombes
Lourde dans l'or de l'arbre et des feuilles vieillies.

Car l'automne est venue avec le crépuscule,
Et lorsque vous marchez un fantôme recule,
Devant vous qui sourit d'avoir été vous-même ;

Une épine survit où fut la fleur éclose,
Le Passé, soir par soir, s'accroît de l'ombre vaine,
Goutte à goutte, le Temps se meurt et rose à rose !

L'ENTRÉE AU PARC

Vous entrerez
En vous courbant,
Par la petite porte basse,
A l'angle du long mur, voici
La lourde clef de fer noirci...
Vous vous assoierez sur le banc.

Il est velu de mousse grasse;
Le temps l'a rongé et il penche
Mais il est de marbre,
Et, souvent
Des feuilles mortes,
De branche en branche,
Au gré du vent,
Tombent, lentement des vieux arbres
Mystérieux et tout en or,
Et leur chute molle et légère

Caresse, frôle, effleure et flaire
Le vieux marbre velu qui dort.
Vous entendrez
Bientôt, peu à peu, de plus près
Et sourdement comme en vous-même
Vivre et respirer le silence.
Le vieux parc est plein de fontaines
Qui rient et pensent
Et parlent bas et qu'on entend
Gémir entre elles doucement
Et se murmurer l'une à l'autre,
Car l'eau oublie et passe et ment,
De vieux secrets qui sont les nôtres
Trop vagues pour qu'on s'en souvienne...
Mais n'écoutez pas les fontaines.

N'écoutez pas,
Non plus, si c'est le soir,
Les colombes qui roucoulent encor
Dans les cimes des arbres d'or,
Ni celles qui s'entrelamentent
A la pointe des cyprès noirs;
N'écoutez pas, si c'est le soir,
Les fontaines, ni les colombes,
Ni la feuille qui tombe
Devant vos pas.

L'allée est large et claire et douce
Et si vous marchez sur sa mousse
Le silence ira avec vous,
Comme il est venu avec moi,
Jusqu'au miroir où l'on se voit
A soi-même sa Destinée.

C'est un bassin où dort depuis que tu es née
Une eau mélancolique en un marbre fidèle.
Pas une goutte ne s'est perdue,
L'onde est intacte, toute, et telle
Que le Temps l'amassa jusques à ta venue,
Et auprès d'elle
Se tiennent debout deux statues,
Ailées et nues,
Et toutes deux qui sont l'Amour
Mais l'une va sourire et l'autre va pleurer,
Approche-toi, viens te mirer
A ton Destin.
Le clair miroir est incertain.
Si tu t'y entrevois en pleurs ou souriante,
Ta bouche trouvera celle qui lui ressemble
Et son baiser t'attend aux lèvres de la vie...

Et dans l'eau du bassin le double Amour t'épie.

L'ABRI

Clos la fenêtre obscure et ferme la maison ;
Laisse monter le lierre et dormir le silence,
Et que des mille fers de sa multiple lance
La plante aux bras noueux garde notre horizon.

Le printemps, au dehors, embaume le gazon ;
Cueille la fleur qui rit, cueille la fleur qui pense ;
Notre triste jardin que la mort ensemence
Est l'âtre que blanchit la cendre du tison.

N'entre pas. Laisse-nous, à nous qui sommes mortes,
L'abri mystérieux des seuils clos et des portes.
Ton pas te reviendrait au fond du corridor.

Le silence appartient aux voix qui se sont tues,
Car chaque Ombre toujours habite toute encor
La chambre solitaire où elles furent nues.

ODE

Amour !
J'ai voilé ta face au fond de mes songes,
Amour !
J'ai voilé ta face au fond de mes jours
Et tes yeux clairs et ta bouche lente
Qui me parlait à l'oreille dans l'ombre ;
J'ai couronné ta chevelure tiède et longue
De feuilles et de violettes en guirlandes
Et j'ai lâché, à l'aube, tes colombes
Et j'ai éteint du pied ta torche noire
Et j'ai brisé ton arc et dispersé tes flèches,
Amour !
J'ai voilé ta face au fond de ma mémoire
Et de mes jours.

Parce que le Printemps chantait dans l'aurore
Le long du calme fleuve et des jeunes roseaux,

Parce qu'Avril riait dans la grotte sonore
En filant sur le seuil l'argent de ses fuseaux,
Parce que le bois frais pleuvait de soleil clair
Et que les sentiers bleus entraient dans la forêt
Et que l'étoile enfin se levait sur la mer,
La même qui monta derrière les cyprès,
Amour aux yeux cruels de langueur et de honte
Par qui tant de printemps me furent sans douceur,
J'ai voilé ton regard et j'ai laissé dans l'ombre
Ton visage aux yeux clairs de rire et de langueur.

Si l'Été roux de blés et rouge de roses,
Si l'Eté
Mystérieux de force et de maturité,
Si l'Été des soirs d'or et des matins fauves
Avec ses fruits mûrs qui jutent en gouttes chaudes
Aux lèvres lasses qui les mordent,
Si l'Été
De soleils éclatants, de midis et d'étoiles
Qui chante au vent de tout l'or mûr de ses blés lourds,
Qui crie et saigne de toutes ses roses,
N'avait pas enivré mon sang, ô doux Amour,
Eussé-je ainsi voilé ta bouche
De lourde rose
Douce à ma bouche ?

13.

Voici l'Automne.
Le Printemps et l'Été sont morts, heure par heure ;
L'Automne de toutes ses fontaines les pleure :
Jet d'eau qui sanglote, vasque qui chantonne,
Sources qui bruissent,
Grottes en larmes des stalactites ;
Et te voici au bout de l'allée
Où les feuilles mortes s'endolorissent
De pourpres pâles et d'or fané;
Et tu es là, Amour, et ta face est voilée.
Tes couronnes
Sont sèches.
Ton arc brisé gît parmi tes flèches...
Rallumerai-je de la cendre où elle est morte
Ta haute torche
Pour éclairer l'ombre et le soir ?
Tes yeux ne veulent plus me voir,
Amour, Amour !
Ta bouche est froide sur la mienne
Et j'entends du fond de mes jours
Le Passé te pleurer de toutes ses fontaines !

BLANCHE COURONNE

Blanche couronne ! grâce ancienne
De tes deux noms de fleurs et d'eau,
Tu es aussi Douce-Fontaine
Pour tes roses et tes roseaux.

L'eau verte dort aux douves tièdes,
L'eau fraîche veille au fond du puits,
Le jardin vaste est plein de cèdres
Et le vieux cloître plein de buis.

Les glycines aux arceaux blancs
Montent et le lierre rampe ;
De la fenêtre on voit les champs,
Des champs, là-bas, on voit les lampes.

Douceur du soir, foyer d'automne !
Tout le bois d'or, et les pins verts
Avec la plainte monotone
Du vent qui leur vient de la mer.

Joie au matin, paix de midi,
La promenade autour du cloître
Où l'on voit sur le mur tiédi
Son ombre grandir ou décroître,

Solitude, chère ruine
Où l'âtre a des flammes encor,
Où l'écho vers nous s'achemine
Du fond des vastes corridors ;

Roses, fleurissez-la toujours !
Sa plus belle fleur est la mienne
Et j'ai bu dans ce doux séjour
L'onde de la Douce-Fontaine ;

L'automne où cet an va finir
Est doux de nos ombres passées
Et je tresse à son souvenir
Cette couronne de pensées.

L'ADIEU

J'ai tressé, brin à brin, la corbeille des Heures,
Osier qui chante au bord de l'eau,
Jonc qui tremble et saule qui pleure!
Ma flûte longue eut sept roseaux
Qui chantèrent l'heure après l'heure
Selon ma tristesse ou ma joie,
Selon que l'arbre jaunit ou verdoie,
Selon que l'an est grave ou tendre.
Vous êtes venus les entendre,
Chansons rauques ou douces, vives ou lentes,
D'après la taille des roseaux.

Ma corbeille est pleine, prenez
La grappe lourde qui déborde et saigne,
Prenez la poire molle ou la châtaigne,
Epineuse que cuira la cendre tiède,
Prenez les fruits du verger clair

Et les fruits âpres de la haie,
Goûtez-en l'écorce et la chair,
Blessure ou plaie,
Saveur sucrée, arome amer,
Délice ou peine...
Puis, allez boire à la fontaine.

Déjà l'aube se hâte et fait la nuit plus brève
Que retarde à son tour le crépuscule lent;
L'arbre est en sève,
Et la douceur de l'air lasse l'aile du vent;
Puis le Printemps rira sans qu'on le voie encore
Et son pas sonnera sur le chemin sonore
Par où, svelte et léger, il marche vers l'Eté,
Et l'Automne divine, indolente et plus belle
De songe, de langueur et de maturité
Nous verra revenir en silence vers elle
Aïeule du Printemps et fille de l'Eté.

Et nous, vivants,
Nous aurons écouté le vent
Le long des routes de la vie
D'arbre en arbre, de branche en branche, d'heure en heure;
Nous aurons touché des mains douces
Sans doute,
Et âme à âme, chair à chair,

Aimé peut-être et souffert,
Et j'aurai dans mes corbeilles
Autrement faites et tressées
Le nouveau miel d'autres abeilles
Et d'autres fruits d'autres pensées.

LES PASSANTS DU PASSÉ

A MAURICE MAINDRON

LE ROUTIER

Face brusque et joyeuse et qu'un sang âpre farde,
Debout, en son pourpoint tailladé de satin,
Il se carre à mi-corps et son geste hautain
S'appuie à son épée et pèse sur la garde.

Par la pique, l'épieu, la torche et la bombarde,
Du levant au couchant, de l'Alpe à l'Apennin,
Il ravagea, pillant les caves et le grain,
La marche milanaise et la plaine lombarde.

Le juron à la bouche et la colère aux yeux,
La guerre qu'il aima le fit aussi joyeux
Au soir de Marignan qu'au matin de Pavie,

Et sa rouge narine ouverte semble encor
Flairer, au fond du temps d'où lui revient sa vie,
L'odeur de la bataille et de sa propre mort.

LE MIGNON

Il est debout, épée au flanc et fleur aux doigts ;
Les chausses de satin étroites au plus juste
Moulent la jambe fine et la cuisse robuste
A la mode du siècle et des seconds Valois.

Joyeux des crocs d'Amboise et des gibets de Blois,
Nourrisson de Pétrone et client de Locuste !
Le court manteau plissé accroît l'ampleur du buste
Et la cuirasse aiguë est en cosse de pois.

Une fraise à godrons l'engonce. Il vous regarde
D'un œil fourbe, et sa bouche amoureuse, que farde
Un onguent, va sourire ou mordre ou minauder.

Et deux perles de lait, l'une à l'autre pareille,
Semblent, tirant le lobe et prêtes à tomber,
Une goutte d'amour qui pend à chaque oreille.

PORTRAIT DOUBLE

L'époque fut païenne, idolâtre et lascive
En ce siècle impudique où naquit sa beauté,
Et son torse divin sur lui n'a pas porté
Le corsage hypocrite où la gorge est captive.

Le peintre, par deux fois, d'un pinceau qui s'avive
Au ton de l'incarnat d'un modèle vanté,
Sur la toile a repeint ce beau corps et tenté
Qu'en un double portrait sa grâce se survive.

Dans l'un elle est assise et caresse son sein
Dont le ferme contour a l'antique dessin
De la coupe où ses doigts effeuillent une rose ;

Mais dans l'autre, plus belle, elle m'est apparue,
Statue entière où frise un angle d'ombre fauve,
Car elle y est debout et rit d'y être nue.

L'ABBESSE

Fière et triste à jamais qu'un Dieu fût mort pour elle,
En échange du sang répandu sur la croix,
Sa jeunesse a donné par amour et par choix
Au Seigneur sa beauté que le Seigneur fit belle.

Elle a vécu longtemps, humble, chaste et fidèle
Dans la blanche cellule et les cloîtres étroits,
Mais ses Sœurs, à son tour, voulurent que leurs fois
S'en remissent en paix à sa sainte tutelle.

La bure vêt son corps que le linge embéguine ;
Le jeûne a macéré sa figure sanguine ;
Son doigt suit sur la page entr'ouverte à ses yeux

La majuscule ornée et la lettre onciale,
Tandis qu'à l'autre main, où luit l'anneau pieux,
Se recourbe et fleurit la Crosse abbatiale.

LA PAIENNE

Rome ! tes dieux sont morts, et ta maigre tétine,
Louve de bronze, pend d'avoir trop allaité !
Mais le fantôme nu de l'antique beauté
Erre encore aujourd'hui sur la terre latine.

La statue est brisée et la stèle s'incline ;
Le roseau se lamente où la flûte a chanté,
Et tu restes toujours belle d'avoir été,
Par le sourire pur des Déesses, divine.

Et, voyageur pieux, j'ai voulu qu'au retour
Ma Dame ainsi fut peinte en ce cadre à son tour
Debout sur le clair mont que l'aurore ensoleille,

Entre Pallas revêche et Junon furieuse,
Car sa gorge rivale à sa pointe est vermeille
Du même sang divin que la Victorieuse.

LE HUGUENOT

La corde, le bûcher, le fagot, la potence,
La flamme cauteleuse et le chanvre retors
Ont guetté, tour à tour, les os de son vieux corps
Que balafra la dague et coutura la lance ;

Et le voici, debout dans sa longue espérance ;
Avec l'âge qui vient il sent venir le port
Car sa gorge a chanté au péril de la mort
Les Psaumes de David dans la langue de France.

Fidèle à l'âpre Dieu que l'on enseigne au prêche,
Un sourire d'orgueil crispe sa lèvre sèche
De huguenot têtu et de bon gentilhomme

Qui pouvait s'enrichir à la cour, s'il n'eût pas,
Par dégoût du fumier des étables de Rome,
Tiré le maigre pis de la Vache à Colas.

LE GENTILHOMME

Ci-gît Crespin, seigneur de Vigneux en Thiérache
Il fut homme de guerre et son temps lui fut dur,
Il défendit le pont, la poterne et le mur,
Aussi la lourde épée à sa hanche s'attache.

Les ligueurs, apportant le fagot et la hache,
Ont brûlé son castel et rasé son blé mûr
Et il n'a récolté de son labeur obscur
Que le sang qui ruisselle au fer qui le harnache.

Le lévrier debout au lévrier couchant
Se joint pour soutenir son blason ; l'or du champ
Aux merlettes de sable ouvre un sautoir de gueules.

Il a connu l'amour, s'il a connu la haine
Puisque son double anneau nous donna pour aïeules
Anne qui fut sa veuve et la douce Yolaine.

LA DAME

Nul portrait n'est venu jusqu'à nous d'âge en âge,
Sur la cire, l'émail, la toile ou le métal,
Vivant au cadre d'or, d'ébène ou de santal,
Transmettre à ses neveux son ombre ou son image.

Fut-elle blonde, gaie ou rousse, belle ou sage ?
Fille d'un siècle dur où l'amour fut brutal,
S'est-elle regardée, en pleurant, au cristal,
Une perle à la gorge et l'œillet au corsage ?

Rien d'elle que son nom accolé sur le marbre
A celui d'un époux et, rameaux du vieil arbre
Héraldique et fécond où se greffa sa grâce,

Les sept fils que son sein orgueilleux a nourris
Et qui, fruits de son flanc et fleur de notre race,
Ont seuls connu les yeux qui leur avaient souri.

TABLEAU DE BATAILLE

Il est botté de cuir et cuirassé d'airain,
Debout dans la fumée où flotte sur sa hanche
Le nœud où pend l'épée à son écharpe blanche ;
Son gantelet se crispe au geste de sa main.

Son pied s'appuie au tertre où, dans le noir terrain,
La grenade enflammée ouvre sa rouge tranche,
Et l'éclair du canon empourpre, rude et franche,
Sa face bourguignonne à perruque de crin.

Autour de lui, partout, confus et minuscule,
Le combat s'enchevêtre, hésite, fuit, s'accule,
Escarmouche, mêlée et tuerie et haut fait ;

Et le peintre naïf qui lui grandit la taille
Sans doute fut loué jadis pour avoir fait
Le héros à lui seul plus grand que la bataille.

LE MARIN

Le soleil a hâlé de son âpre brûlure
Son visage marin où les yeux, vifs encor,
Semblent, loin de l'écueil et vers les feux du port,
Orienter la vergue et régler la voilure.

Vieux galant d'abordage et coureur d'aventure,
Regrettant le grappin et l'ancre et le sabord,
Il garde dans sa main qui s'y crispe et le tord
Le rauque porte-voix où vibra sa voix dure.

Il monta, tour à tour, du Levant au Ponant,
Le *Non-Pareil*, le *Joli-Cœur* et le *Tonnant*,
Brick ou frégate ou lougre ou vaisseau pavoisé ;

Et, prompt à commander salves ou branle-bas,
Son geste semble au mât qu'un boulet a brisé
Clouer le pavillon sous qui l'on coule bas.

LE COURTISAN

L'homme est peint à mi-corps en son cadre d'or roux
Et regarde du fond de l'ombre qu'il éclaire
Du regard de ses yeux dont sa bouche sait taire,
Ironique, la joie, ou calme, le courroux.

Le front est haut, avec des sourcils de jaloux
Hérissés d'un poil brun qu'une ride resserre,
Le nez astucieux évente, guette et flaire ;
La main longue est sans bague et l'habit sans bijoux.

Au coin du vieux tableau, à gauche, encore, on voit
L'inscription grattée et qui jadis fit foi
Des titres qu'il tirait des biens dont il fut maître ;

Et cet homme inconnu dont nul ne sait le nom
A la cour du Grand Roi, naguère, a fait, peut-être
Saluer bas Dangeau et pester Saint-Simon.

PORTRAITS DE MAINS

Si le Temps à jamais effaça dans l'oubli
Le sourire perdu de leurs bouches vivantes,
Son caprice a laissé les formes indolentes
De leurs mains se survivre en un pastel pâli.

Celle-ci tient encor l'œillet qu'elle a cueilli ;
Toutes, tièdes de paix ou fébriles d'attentes,
Mains de mères, mains de vierges ou mains d'amantes,
Cambrent leur grâce fière ou leur galbe joli.

Sur le jaune papier où ressort la sanguine
Le flexible bouquet de ces mains consanguines
Allonge de blancs doigts dont l'ongle fardé luit,

Et qui sait si jadis, au cadran des pendules,
Elles n'ont pas touché par hâte ou par ennui,
L'aiguille où l'heure avance et où le temps recule ?

L'ONCLE

Les abbés à rabat et les marquis coquets
Minaudent en lorgnant les dames peu farouches,
Et le sourire encor plisse le fard des bouches,
Et le silence rit encore de caquets.

L'habit fleur de pêcher et la robe à bouquets,
Les boîtes à bonbons et les boîtes à mouches !
Et tout le gai décor, de l'écran aux piédouches,
Se mire dans le bois miroitant des parquets.

Mais celui-ci, rétif au conciliabule,
Seul en son cadre noir au fond du vestibule,
Crispe à l'écart son poing ganteldé de métal ;

L'armure bombe encor sa poitrine tragique
Et sur son blanc manteau guerrier et monacal
S'écartèle la croix de l'Ordre Teutonique.

LE CHASSEUR

Il a battu, jadis, de l'aube jusqu'au soir,
La plaine, le coteau, le val et la forêt,
Et le peintre, au retour, le montre en ce portrait.
Le fouet à la main et la trompe en sautoir.

Un bel épagneul feu frotte son museau noir,
Contre le gant de cuir qui flatte l'indiscret,
Cependant que, couché près d'un braque d'arrêt,
Gronde un dogue à poil ras recousu du boutoir.

C'est ainsi, haut botté et sonnant haut du cor,
Qu'il a vécu jadis et qu'il revit encor,
Tel qu'il forçait jupe troussée ou bête prise,

Et, galant à la ferme et hardi aux halliers,
Qu'il faisait aux maris de Toinon ou' de Lise
Porter leur part de cuisse et leur part d'andouillers.

L'HOMMAGE

Sa bouche en fleur sourit au temps qui l'a laissée
Se survivre à jamais, silencieuse et belle ;
Et, par delà les ans, peut-être, connut-elle
Le désir d'être, un jour, douce à quelque pensée.

Si l'attente inutile et l'oubli l'ont lassée
Et si nul n'a compris son regard qui l'appelle,
Qu'un hommage tardif demeure au moins fidèle
A son rêve muet de vivante passée.

Ce portrait attentif d'une Ombre qui fut tendre
En sa poussière pâle et frêle, semble attendre
La rose qu'au printemps j'offre à sa jeune grâce,

Et, pour que sa beauté puisse encor s'y revoir,
Je présente au pastel qui peu à peu s'efface
Le sourire incertain que lui rend le miroir.

LA LISEUSE

La robe fut jadis changeante, rose et grise,
Qui vous vêt des longs plis d'un taffetas glacé ;
Votre gorge a gonflé cette étoffe indécise,
Où roucoule le rose et le gris nuancé.

Au fond de la bergère où vous êtes assise
Vous songez d'avenir peut-être ou du passé
Et, sur vos genoux joints, craignant quelque surprise
Vous couvrez de la main un feuillet commencé.

Votre grâce à la fois impérieuse et tendre,
Votre geste, vos yeux semblent toujours défendre
Qu'on lise ce secret sous vos doigts rapprochés ;

Mais le Temps curieux dont l'aile en faux vous frôle
A lu, en se penchant un peu sur votre épaule,
Le livre rose et gris de vos amours cachés.

PANNEAU

L'ingénieux Amour noue à mon cadre d'or
Sa couronne de fleurs et son carquois de flèches,
Car sa bouche, jadis, douce à mes lèvres fraîches,
Leur donna la couleur qui les empourpre encor.

Sous l'arceau du bosquet qui dresse son décor
A ma beauté, l'Automne avec ses feuilles sèches
Touche ma joue encor pareille au fard des pêches,
Et l'éclair de mes dents pourrait y mordre encor.

L'Amour, hélas ! vois-tu, ne fait pas d'immortelles ;
La toile d'araignée ourdit à mes dentelles
Ses fils mystérieux qu'entrelace le temps,

Mais si la triste Mort m'effleura de son aile,
Le dieu qu'en sa jeunesse adora mon printemps
Me garde souriante et me voit toujours belle.

CHEVALIER DE MALTE

Fier de sa haute race où l'écu se blasonne,
Vairé de sable et d'or au lévrier passant,
Le vieux père a voulu que les fils de son sang
Servissent au métier que son âge abandonne.

Mais le dernier, le fruit tardif de son automne,
Cadet sans apanage et blondin presque enfant,
Il veut que celui-là, si l'Église le prend,
Porte l'épée au moins comme son nom l'ordonne.

Le temps est paresseux, sans guerre qui l'exalte ;
Le double azur du ciel et de la mer de Malte
Berça son long repos de moine et de soldat,

Car l'Ordre, comme aux jours d'Alger et de Lépante,
N'arme plus pour la Foi la galère qui bat
La barbaresque mer de sa rame coupante.

MANES

L'amoureuse colombe et le clavecin grêle
Avec leur double voix de langueur et d'amour,
Mystérieusement, ensemble et tour à tour,
Ont endormi son rêve et soupiré pour elle,

Le baiser de l'accord et le frisson de l'aile
Palpitent un instant et s'en vont sans retour...
La voici souriante encore, comme au jour
Où son miroir vivant lui riait d'être belle.

Son fantôme inquiet de morte trop aimée
Semble craindre toujours, en sa cendre animée,
Le terrestre baiser de quelque bouche crainte,

Car le temps au pastel fane sans qu'il l'efface,
Derrière le cristal l'isolant de l'atteinte,
La poussière fardée où se survit sa grâce.

LE SINGE

Avec son perroquet, sa chienne et sa négresse
Qui lui tend le peignoir et sèche l'eau du bain
A son corps qui, plus blanc sous cette noire main,
Cambre son torse souple où sa gorge se dresse,

Elle a fait peindre aussi, pour marquer sa tendresse,
Par humeur libertine ou caprice badin,
Le portrait naturel de son singe africain
Qui croque une muscade et se gratte la fesse.

Très grave, presque un homme et singe en tapinois,
Velu, glabre, attentif, il épluche sa noix
Et regarde alentour, assis sur son séant;

Et sa face pelée et camuse où l'œil bouge
Ricane, se contracte et fronce en grimaçant
Son turban vert et jaune où tremble un plumet rouge.

L'AMATEUR

En son calme manoir entre la Tille et l'Ouche,
Au pays de Bourgogne où la vigne fleurit,
Tranquille, il a vécu comme un raisin mûrit.
Le vin coula pour lui du goulot qu'on débouche.

Ami de la nature et friand de sa bouche,
Il courtisa la Muse et laissa, par écrit,
Poèmes, madrigaux, épîtres, pot-pourri,
Et parchemins poudreux où s'attestait sa souche.

En perruque de crin, par la rue, à Dijon,
S'il marchait, appuyé sur sa canne de jonc,
Les Elus de la Ville et les Parlementaires

Saluaient de fort loin Monsieur le Chevalier,
Moins pour son nom, ses champs, sa vigne et son hallier
Que pour avoir reçu trois lettres de Voltaire.

LE CRÉOLE

Tricorne galonné, jabot et haute canne,
Tel, jadis, abordant au sable de la crique,
Il vint à Saint-Domingue ou à la Martinique
Cultiver le café, le tabac et la canne.

A l'âpre venaison que l'esclave boucane
Il préféra les fruits de la molle Amérique,
Il but les tafias et les rhums en barrique
Sous la véranda fraîche où grimpe la liane.

Sa silhouette exacte, arrogante et correcte
Sur le papier de riz où le temps la respecte,
Se découpe comme son ombre contre un mur,

Et sans doute il voulut, cambrant ses mollets maigres,
Que ce profil à l'encre et ce portrait obscur
Attestassent, un jour, qu'il vécut chez les nègres.

LE GALANT ÉMIGRÉ

Dans le cadre d'acier où l'a peint le pinceau
Qui lui poudra la tête et lui bleuit la joue
Sa bouche s'enjolive et s'arque d'une moue
De galant officier qui se sait tendre et beau.

Sur l'uniforme blanc à parements ponceau,
Comme un papillon noir voltige, rôde et joue
Le ruban qui retient la perruque qu'il noue...
L'amour partout pour lui alluma son flambeau.

La Révolution passa comme un torrent
A ses pieds; il l'enjambe, émigre et vit errant;
Maint bel œil tour à tour captive l'infidèle,

Et, dans le cadre, on voit des cheveux, au revers,
Enlacer, blonds et bruns, au chiffre qui les mêle,
L'alphabet abrégé de ses amours divers.

LE SOLDAT

Au tocsin qui sonna la fuite de Varennes
Et qui, de cloche en cloche, alla de bourg en bourg,
Tu portais l'épaulette et le catogan court
Et l'uniforme vert des Dragons de la Reine.

Ton cheval pommelé en tirant sur les rênes
Hennit dans l'air civique où grondait le tambour,
Et tu partis, rêvant aussi le prompt retour,
Étant bon gentilhomme et comme eux tête vaine.

Ce fut l'exil, l'espoir, Coblentz, le camp des Princes...
Le temps passa, et tu revins dans ta province
Mourir, près du manoir jadis seigneurial.

Et, vieux soldat, à l'âtre où flambe une bourrée,
Tu chauffais tristement, d'Octobre à Prairial,
Tes sabots de bois rude et ta tête poudrée.

LA DEMOISELLE

Le grand bonnet de tulle est doux aux cheveux gris ;
Le fichu blanc se croise et se noue à la taille.
Les cheveux furent blonds, dit-on, comme la paille ;
La bouche est jeune encor d'avoir souvent souri.

Elle a vécu loin de la Cour et de Paris
Et les petits neveux qui brillent à Versailles
Savent que dans son bas tricoté maille à maille
S'entassent les bons ors, de fleurs de lis fleuris.

Chaque année, au château, trois jours, au temps des chasses,
Ils viennent, dorment bien, se mirent dans des glaces,
Baisent la maigre main sous la mitaine à pois,

Partent, et trouveront, au tiroir qui le cèle,
Un jour, un testament scellé — elle y a droit —
De l'écu losangé des vieilles demoiselles.

LES DEUX SŒURS

L'une tient à la main une fleur ; l'autre penche
Pour la mieux respirer sa tête et l'on devine
Que ce geste, à demi, qui la courbe et l'incline
Fait plus ronde sa gorge et plus souple sa hanche.

Près d'elles, une source au rocher qui l'épanche
Jaillit, qui dans son eau mire Hortense ou Pauline
Et reflète en passant la fraîche mousseline
Où l'une est toute rose et l'autre toute blanche.

En leur double portrait qui lentement s'écaille,
Souriantes, elles se tiennent par la taille
Et pensent aux absents qui les ont faites sœurs ;

Leur double bracelet a les mêmes camées,
Car elles ont ensemble éprouvé la douceur
D'être toutes les deux en même temps aimées.

LA PENDULE DE PORCELAINE

Le jardin rit au fleuve et le fleuve soupire
Du regret éternel de sa rive qu'il fuit,
La glycine retombe et se penche vers lui,
Le lilas s'y reflète et le jasmin s'y mire.

Le liseron s'élance et le lierre s'étire ;
Un bouton qui germait est corolle aujourd'hui ;
L'héliotrope embaume l'ombre et chaque nuit
Entr'ouvre un lys de plus pour l'aube qui l'admire ;

Et dans la maison claire en ses tapisseries,
Une pendule de porcelaine fleurie
Contourne sa rocaille où l'Amour s'enguirlande,

Et tout le frais bouquet dont le jardin s'honore
Survit dans le vieux Saxe où le Temps pour offrande
Greffe la fleur d'argent de son timbre sonore.

TABLE

LES MÉDAILLES D'ARGILE

J'ai feint que les Dieux m'aient parlé.......... 13

MÉDAILLES VOTIVES

DÉDICACE....................................	19
LE FEU......................................	20
PUELLA......................................	22
LA PENSÉE...................................	23
EFFIGIE DOUBLE..............................	24
ÉTÉ...	27
L'EAU.......................................	28
LA PRISONNIÈRE..............................	29
LA DANSE....................................	30
LE BUVEUR...................................	31
LA COURONNE.................................	32
LE MARAUDEUR................................	35
LA FILEUSE..................................	36
VIA...	37
CHRYSILLA...................................	38
TIMANDRE....................................	39

LA MÈRE..	40
LA RONCE..	41
L'OISIVE...	42
LA BELLE ANNÉE..	43
L'OUVRIER..	44

MÉDAILLES AMOUREUSES

LA TRACE..	49
L'INFIDÈLE..	51
LE SOMMEIL..	52
L'ARC..	53
L'IVRESSE...	54
SOIR..	56
PHILÉNIS ET EUCRATE.................................	57
LA PROMENADE...	58
AUBE D'AUTOMNE......................................	59
TROIS SONNETS POUR BILITIS.......................	61
L'AMOUR ET LE SOMMEIL.............................	64
LE PAS...	65
RECONNAISSANCE......................................	66
LA BARQUE...	67
LEVER DE LUNE...	68
L'AVEUGLE..	70
ÉCHO...	71
LE BOUQUET NOIR......................................	72
LA MUSE...	73

MÉDAILLES HÉROÏQUES

LE CENTAURE..	77
L'ALERTE..	78
LA STATUE..	79

LE CAPTIF..	80
LE RÉVEIL..	81
LA VILLE...	82
L'ACCUEIL...	83
LE FILS..	85
LE VÉTÉRAN...	86
DIONYSIAQUE..	87
LES FRÈRES...	89
MASQUE TRAGIQUE.......................................	90
PÉGASE..	91
LE PIÈGE..	93

MÉDAILLES MARINES

LA CONQUE..	97
SUR LA GRÈVE..	98
L'ADIEU...	99
LE PASSAGER...	100
LE VIEILLARD..	101
LE DÉPART..	102
ÉCHO MARIN..	104
L'ALGUE...	106
ODE MARINE..	107
L'EMPREINTE...	110
ÉGLOGUE..	111
PHILOCTÈTE..	113
APPARITION..	114

LE BUCHER D'HERCULE

Hercule pour mourir monte sur son bûcher.......	117

HÉLÈNE DE SPARTE

LE BAIN.	125
LE FUSEAU.	129
L'ILE DE CRANAÉ.	131
LE FOYER.	133
LA BARQUE.	135

LA NUIT DES DIEUX

Homme, je t'ai suivi longtemps.	143

L'ARBRE DE LA ROUTE

LA HALTE.	155
LES FEUILLES.	156
LE LIVRE.	157
L'AMOUR.	158
LES ENNEMIS.	159
L'ILLUSION.	160
LA BÊTE.	161
LE PHILTRE.	162
LE RETOUR.	163
LE REGRET.	164
LA HACHE.	165

A TRAVERS L'AN

LE DERNIER SOIR.	169
LA VOIX.	172
VŒU.	173

ÉLÉGIE.	175
LE JARDIN MOUILLÉ.	178
LA PROMENEUSE.	180
ODELETTE.	181
FIN DE JOURNÉE.	183
STANCES.	184
ODELETTE.	186
CONTRASTE.	188
MADRIGAL LYRIQUE.	189
STROPHES ALTERNÉES.	191
VOYAGES.	194
ADIEUX.	196
L'ÉCHANGE.	199
RÉVEIL.	200
LA HACHE ET LE FILET.	201
CRÉPUSCULE D'AUTOMNE.	203
L'ENTRÉE AU PARC.	204
L'ABRI.	207
ODE.	208
BLANCHE COURONNE.	211
L'ADIEU.	213

LES PASSANTS DU PASSÉ

LE ROUTIER.	219
LE MIGNON.	220
PORTRAIT DOUBLE.	221
L'ABBESSE.	222
LA PAIENNE.	223
LE HUGUENOT.	224
LE GENTILHOMME.	225

LA DAME...	226
TABLEAU DE BATAILLE............................	227
LE MARIN..	228
LE COURTISAN......................................	229
PORTRAITS DE MAINS.............................	230
L'ONCLE..	231
LE CHASSEUR.......................................	232
L'HOMMAGE...	233
LA LISEUSE..	234
PANNEAU...	235
CHEVALIER DE MALTE............................	236
MANES..	237
LE SINGE...	238
L'AMATEUR...	239
LE CRÉOLE..	240
LA GALANT ÉMIGRÉ...............................	241
LE SOLDAT..	242
LA DEMOISELLE....................................	243
LES DEUX SŒURS..................................	244
LA PENDULE DE PORCELAINE...................	245

Poitiers. — Imp. BLAIS et ROY.

ÉDITIONS DV MERCVRE DE FRANCE
Extrait du Catalogue

MAX ELSKAMP
La Louange de la Vie
(*Dominical. Salutations dont d'angéliques. En Symbole vers l'Apostolat. Six Chansons de pauvre homme*). Un vol. gr. in-18 . . . . 3.50

ANDRÉ FONTAINAS
Crépuscules
(*Les Vergers illusoires. Nuits d'Épiphanies. Les Estuaires d'Ombre. Idylles et Élégies. L'Eau du Fleuve*). Un vol. gr. in-18 . . . . 3.50

PAUL FORT
Ballades Françaises
Avec une préface de Pierre Louys. (*La Mer. Les Cloches. Les Champs. Le Hameau. Les Saisons. La Nuit. Un Livre d'Amour. La Route. L'Orage*, etc. — *Orphée. Endymion. Bacchus. Glaucus. Hercule*, etc.— *Louis XI. Coxcomb. Les Fous. Les Clowns. La Mort. Satan. Les Rois.* etc. — *Les Premières Pas. Les Cris. Les Mauvais Songes. Les Demoiselles de mes Larmes*, etc.) (2ᵐᵉ éd.). Un vol. gr. in-18 . . . . 3.50

Montagne
Ballades Françaises, IIᵐᵉ série. (*Ballades de la Montagne, des Glaciers et des Sources. — Ballades de la Forêt, des Bois et des Ruisseaux. — Ballades de la Plaine, des Prairies et des Fleuves. — Ballades de la Mer, des Ports et des Rivages. — L'Amour et l'Aventure. — D'Anciens Jours*). Un vol. gr. in-18 . . . . 3.50

Le Roman de Louis XI
Ballades Françaises. IIIᵐᵉ série. Un vol. gr. in-18 . . . . 3.50

PAUL GÉRARDY
Roseaux
(*Les Chansons naïves. Les Croix. Les Ballades naïves. Les Chansons du Prince Lirelaire. A tous ceux de la Ronde*). Un vol. gr. in-18. . . . 3.50

A.-FERDINAND HEROLD
Images tendres et merveilleuses
(*La Joie de Maguelonne. La Fée des Ondes. Floriane et Persigant. La Légende de Sainte Liberata. Le Victorieux*). Un vol. gr. in-18. . . . 3.50

FRANCIS JAMMES
De l'Angelus de l'Aube à l'Angelus du Soir
Poésies 1888-1897 (2ᵐᵉ éd.). Un vol. gr. in 18. . . . . 3.50

GUSTAVE KAHN
Premiers Poèmes
(*Les Palais Nomades. Chansons d'Amant, Domaine de Fée*), précédés d'une Étude sur le vers libre. Un vol. gr. in-18. . . . . 3.50

Le Livre d'Images
Un vol. gr. in-18. . . . . 3.50

STUART MERRILL
Poèmes, 1887-1897
(*Les Gammes. Les Fastes. Petits Poèmes d'Automne. Le Jeux des Épées*) (2ᵐᵉ éd.) Un vol. gr. in-18. . . . . 3.50

PIERRE QUILLARD
La Lyre héroïque et dolente
(*De Sable et d'Or. La Gloire du Verbe. L'Errante. La Fille aux mains coupées*) (2ᵐᵉ éd.). Un vol. gr. in-18. . . . . 3.50

JEHAN RICTUS
Les Soliloques du Pauvre
(*L'Hiver. Impressions de promenade. Songe—Mensonge. Espoir. Déception. Le Revenant. Le Printemps. Soliloque du Chanteur ambulant. Farandole des Pauv's tits Fanfans*) (6ᵐᵉ éd.). Un vol. gr. in-18. . . . 3.50

ARTHUR RIMBAUD
OEuvres de Jean-Arthur Rimbaud
Avec un portrait par FANTIN-LATOUR. Un vol. gr. in-18. . . . . 3.50

ALBERT SAMAIN
Au Jardin de l'Infante
Augmenté de plusieurs poèmes (3ᵐᵉ éd.). Un vol. gr. in-18. . . . . . 3.50

Aux Flancs du Vase
Poèmes. Un volume petit in-8. . . . . 3.50

ÉMILE VERHAEREN
Poèmes
(*Les Bords de la Route*, et deux ouvrages épuisées : *Les Flamandes. Les Moines*, augmentés de plusieurs poèmes) (2ᵐᵉ éd.). Un vol. gr. in-18 . . 3.50

Poèmes, nouvelle série
(*Les Soirs. Les Débâcles. Les Flambeaux noirs*) (2ᵐᵉ éd.). Un vol. gr. in-18. . . . . 3.50

Poèmes, IIIᵐᵉ série
(*Les Villages illusoires. Les Apparus dans mes Chemins. Les Vignes de ma Muraille*) (2ᵐᵉ éd.). Un vol. gr. in-18. . . . . 3.50

FRANCIS VIELÉ-GRIFFIN
Poèmes et Poésies
(*Cueille d'Avril. Joies. Les Cygnes. Fleurs du Chemin et Chansons de la Route. La Chevauchée d'Yeldis*, augmentés de plusieurs poèmes) (2ᵐᵉ éd.). Un vol. gr. in-18 . . . . 3.50

La Clarté de Vie
(*Chansons à l'Ombre. Au gré de l'Heure. In Memoriam. En Arcadie*) (2ᵐᵉ éd.). Un vol. gr. in-18. . . . . 3.50

Phocas le Jardinier
Précédé de *Swanhilde. Aœncus. Les Fiançailles d'Euphrosine* (2ᵐᵉ éd.). Un vol. gr. in-18. . . . . 3.50

La légende ailée de Wieland le Forgeron
Un vol. petit in-8. . . . . 3.50

REMY DE GOURMONT
Les Saintes du Paradis
(*Dix-neuf petits poèmes*). Un vol. in-12 cavalier, orné de xix bois originaux dessinés et taillés par GEORGES D'ESPAGNAT . . . 6 »

CHARLES GUÉRIN
Le sang des Crépuscules
Un vol. in-16 soleil. . . . . 5 »

Le Cœur solitaire
Un vol. gr. in-16 . . . . 3.50

ANDRÉ LEBEY
Les Poèmes de l'Amour et de la Mort

Un vol. gr. in-18 . . . . 3.5

SÉBASTIEN CHARLES LECONTE
Les Bijoux de Marguerite

Un vol. in-4 couronne. 5

ADRIEN MITHOUARD
Le Pauvre Pécheur

Un vol. gr. in-18. . . . . 3.5

GÉRARD DE NERVAL
Les Chimères et les Cydalises

Poésies. Préface de REMY DE GOURMONT. Portrait de Gérard de Nerval par F. VALLOTTON. Vol. petit in-16. . . . . 2.5

HENRI DE RÉGNIER
Premiers Poèmes

(*Les Lendemains. Apaisement. Sites. Épisodes. Sonnets. Poésies diverses*).
Un vol. gr. in-18. . . . . 3.50

Les Jeux rustiques et divins

(*Aréthuse. Les Roseaux de la Flûte. Inscriptions pour les treize Portes de la Ville. La Corbeille des Heures. Poèmes divers*) (2ᵐᵉ éd.). Un vol. gr. in-18. . . . . 3.5

Poèmes, 1887-1892

(*Poèmes anciens et romanesques. Tel qu'en songe*, augmentés de plusieurs poèmes) (3ᵐᵉ éd.). Un vol. gr. in-18. . . . . 3.50

LIONEL DES RIEUX
Le Chœur des Muses

www.ingramcontent.com/pod-product-compliance
Lightning Source LLC
Chambersburg PA
CBHW062020180426
43200CB00029B/2201